J. Stephen Yuille

# *Saudades de* CASA

## UMA JORNADA ATRAVÉS DOS SALMOS DOS DEGRAUS

**Saudades de Casa** – Uma jornada através dos Salmos dos Degraus

**Traduzido do original em inglês:** *Longing for Home: A Journey through the Psalms of Ascent*

J. Stephen Yuille
© 2004 Shepherd Press, Pennsylvania, USA.

© 2017 Editora Os Puritanos.
1.ª edição em Português: março de 2017 – 1.000 exemplares.



## PRODUÇÃO EDITORIAL

Editor:     Manoel Canuto
Tradutor:   Helio Kirchheim
Revisor:    Waldemir Magalhães
Designer:   Heraldo Almeida

ISBN: 978-85-62828-41-6

Imagem da capa: © Can Stock Photo / sborisov

**Centro de Literatura Reformada**
Rua São João, 473, 50020-150, Recife-PE
Contato: +55 81 3223-3642
www.loja.clire.org
www.os-puritanos.com

*Em memória de*
*Mikayla Jayne Dent*
*11 a 18 de dezembro de 2004*

# Sumário

# Prefácio

Alguns sentimentos são difíceis de expressar em palavras. De vez em quando, sinto um repentino senso de familiaridade que gera um profundo anelo que não consigo nem expressar nem satisfazer. Isso acontece diante de um fogo crepitante na época do Natal, ou numa calma tarde de outono enquanto o sol vai sumindo no horizonte. Isso acontece quando vejo o céu nublado e morros áridos, ou quando ouço certos estilos musicais, ou sinto o cheiro de grama recém-cortada num anoitecer quente de verão. Isso me acontece quando volto à casa onde cresci ou me lembro de amigos de infância. Em cada uma dessas situações, sinto algo familiar, mas que está ausente.

Em um nível muito mais elevado, todos nós experimentamos aquilo que C. S. Lewis chama de "nostalgia vitalícia".[1] Ela se origina de nosso anelo inexprimível de sermos reunidos a alguma coisa no universo da qual nos sentimos isolados – algo familiar, mas que nos falta. Essa *alguma coisa*, evidentemente, é Deus. Ele nos criou à sua imagem, de forma que devemos encontrar a nossa fonte de descanso nele mesmo. Mas nós nos separamos dele, e, desde então, temos vivido com esse isolamento.

Em 2012, uma senhora idosa da cidade de Borja, Espanha, percebeu que um afresco em uma das paredes estava parecendo

---

1 Conforme citado por Timothy Keller, *The Prodigal God: Recovering the Heart of the Christian Faith* (Nova Iorque: Penguin, 2008), 94–95.

um pouco apagado. O afresco, *Ecce Homo*, representava Cristo diante do tribunal de Pôncio Pilatos.[2] A mulher, por conta própria, tentou restaurar uma obra de arte quase centenária. O resultado foi desastroso. De acordo com uma reportagem, ela transformou a pintura em algo que parecia um "porco-espinho inchado".[3] Infelizmente, assim somos nós. O pecado nos desfigurou de tal forma que é impossível sermos reconhecidos. Como resultado dessa desfiguração, perdemos a vida de Deus e o prazer de Deus, e esse isolamento nos levou a nossa "nostalgia vitalícia".

Mas a história não acaba aqui. Misericordiosamente, o Filho de Deus se aproximou de nós por meio da encarnação. Ele, que criou todas as coisas, foi carregado no ventre de uma mulher, e ele, que sustenta todas as coisas, foi carregado nos braços de uma mulher. Ele se vestiu de nossa humanidade – corpo e alma. Ele chegou tão perto ao ponto de participar da vida num mundo decaído, carregou nosso pecado e vergonha, e provou a morte em nosso lugar. Ele foi esmagado, para que pudéssemos ser curados; humilhado, para que pudéssemos ser exaltados; condenado, para que pudéssemos ser justificados. Naquele momento de completa escuridão e abandono na cruz, ele comprou o prazer de Deus para nós – a restauração e a reconciliação. Seu perdão agora substitui nossa pecaminosidade; seu mérito eclipsa nossa culpa; e sua justiça oculta nossa indignidade. Sua "misericórdia abundante" apaga nossa multidão de "transgressões" (Sl 51.1).[4]

Em virtude da nossa união com Cristo, nós nos aproximamos de Deus e encontramos nele tudo que jamais poderíamos desejar: um bem eterno e espiritual, adequado a todas as nossas necessidades. Nosso conhecimento desse Deus propaga em

---

2   *Ecce Homo* é a tradução latina, conforme a Vulgata, da exclamação de Pilatos registrada em João 19.5. Em português, a frase é: "Eis o homem!"

3   Sam Jones, "Spanish Church Mural Ruined by Well-Intentioned Restorer," *The Guardian* (August 22, 2012), http://www.theguardian.com/artanddesign/2012/aug/22/spain-church-mural-ruin-restoration.

4   Salvo outra indicação, todas as citações bíblicas são da versão Almeida Revista e Atualizada da Sociedade Bíblica do Brasil.

nossa alma uma paz satisfatória nesta vida e um sabor irresistível daquilo que nos aguarda na glória. Uma vez que voltamos à nossa fonte de descanso, vivemos antecipando a visão *beatífica* – o dia em que veremos a Deus (Mt 5.8). De certa forma, nós já o vemos agora com os olhos da fé, mas isso não é nada em comparação com o que está por vir. No presente, vemos as perfeições de Deus em seus efeitos, ou seja, em suas obras da criação, providência, e redenção; mas, no futuro, nós *o* veremos de forma perfeita.

Nós seremos como Cristo, e, por isso, seremos capazes de comungar com Deus nas mais plenas capacidades da nossa alma. Não haverá nada que possa obscurecer, confundir, ou atrapalhar nossa alegria nele. Nosso conhecimento de Deus será pleno e perfeito, constante e completo, resultando num deleite até agora desconhecido, quando descansarmos plena e finalmente nele. Até então, estamos numa jornada repleta de alegrias e tristezas, vales agradáveis e montanhas perigosas, conquistas animadoras e perdas mutilantes – uma viagem caracterizada pelo regozijo, pela angústia, pela busca, pelo assombro e pelas saudades.

E isso nos traz a este livro: *Saudades de casa: uma viagem através dos Salmos dos Degraus*. Não temos certeza absoluta sobre a razão por que estes 15 Salmos – capítulos 120-134 – são chamados de Salmos dos Degraus. Uma das explicações mais razoáveis para o termo *degrau* (ou *subida*) é que os israelitas cantavam essa coleção de salmos à medida que viajavam (subiam) para a cidade de Jerusalém para celebrar uma de suas festas anuais, a respeito das quais lemos em Deuteronômio 16.16.

Uma característica singular dos salmos em geral é que eles expressam todo o leque das emoções humanas. João Calvino se refere a eles como "uma anatomia de todas as partes da alma, pois não há emoção que se possa experimentar que não esteja ali representada como num espelho".[5] O que é verdade

---

5    João Calvino, *Commentary on the Book of Psalms*, em *Calvin's Commentaries*, 22 vols. (Grand Rapids: Baker, 2003), 4:xxxvii.

a respeito do Livro dos Salmos em geral é, também, verdade a respeito dos Salmos dos Degraus em particular. Em suma, eles são um repertório da experiência humana. Eles nos conduzem numa jornada pelos muitos altos e baixos da vida. Ao fazê-lo, dão forma a nossas perspectivas, regulam nossos sentimentos e instruem nosso bom senso. Eles nos guiam no caminho dos desejos que glorificam a Deus, nas emoções que magnificam a Deus e nos pensamentos que honram a Deus. Eles nos preparam para orar com fé, à medida que nos convidam a fixar nossos olhos nos céus.

Sempre que nos sentimos afligidos em nossa jornada, temos a tendência de recorrer à qualquer coisa que acreditamos que possa nos ajudar – outra agenda, outro seminário, outro conselheiro. Mas, com muita frequência, negligenciamos a ajuda que Deus nos deu – o Livro dos Salmos, e, em especial, os Salmos dos Degraus. Neles, nos associamos com pessoas que percorreram a mesma estrada em que estamos viajando. Se ouvirmos com cuidado, eles nos ensinarão como olhar para Deus em cada circunstância da vida, e mostrarão como essa mudança em nossa perspectiva fortalecerá nossa fé e ampliará nossa esperança.

Espero que esta ênfase pastoral se torne clara à medida que você percorrer este livro, e minha oração a Deus é que ele abençoe essa jornada para o conforto espiritual do leitor e para a eterna glória de Deus.

*Deus pro nobis*

# Introdução

Para muitos moradores da província de Ontário, no Canadá, a *Spring Break* [Férias de Primavera] é uma das semanas mais importantes do calendário. Depois de três ou quatro meses de constantes dias curtos, temperaturas baixíssimas, e nevascas ofuscantes, os moradores de Ontário correm para o sul para descongelar à luz do sol. Quando nós morávamos em Ontário, de vez em quando nos juntávamos a nossos companheiros na longa e difícil viagem em direção a Orlando, na Flórida.

Antes de nos colocarmos a caminho, passávamos na Associação Automobilística Canadense para aproveitar um dos seus muitos serviços: as *dicas de viagem*. Essas *dicas* incluíam um mapa com uma rota em destaque e orientações passo a passo para chegar de Toronto até Orlando. A rota selecionada tinha sido feita com base em informações atualizadas com respeito a pedágios, obras na rodovia e radares (alguns guardas têm especial apreço pelas placas de Ontário). É claro, essas *dicas* eram de extremo valor para nossa viagem de quase 2 mil quilômetros de estrada.

Agora que estamos embarcando nesta jornada pelos Salmos dos Degraus, quero apresentar quatro *dicas* de viagem, que eu acho se mostrarão proveitosas à medida que navegarmos através destes 15 capítulos.

### *Dica de viagem n.º 1:* **Mantenha seu foco no evangelho**

Isso não é dizer o óbvio? Sim, mas às vezes precisamos lembrar a nós mesmos aquilo que é mais do que óbvio. Por que estou dizendo isso? Em suma, nós somos facilmente distraídos e perturbados, e muitas vezes enchemos a nossa vida com coisas que parecem inofensivas, mas que são prejudiciais se não as mantivermos em seu devido lugar. Estou pensando em coisas como usar o *tweeter*, mexer com blogues, fazer compras, assistir a filmes, praticar esportes, comprar algum novo aparelho ou dispositivo eletrônico... e a lista só aumenta. Não há nada errado com nenhuma dessas *coisas*, é claro, a não ser que as usemos como substitutos da coisa *principal*. Preste atenção à seguinte história:

> Na segunda-feira, Alice comprou um papagaio. Ele não falava; assim, no dia seguinte ela voltou à loja onde o havia comprado. Disseram a ela: "Ele precisa de uma escada". Ela comprou a escada, mas passou-se outro dia e o papagaio ainda não tinha dito uma só palavra. "Que tal um balanço?", sugeriu a vendedora. Assim, Alice comprou um balanço; no dia seguinte, um espelho; no outro dia, uma pequena árvore de plástico; no próximo dia, um reluzente brinquedo de papagaio.
>
> No domingo de manhã, Alice estava parada do lado de fora da loja antes de ela abrir. Ela segurava a gaiola do papagaio, com lágrimas nos olhos. Seu papagaio estava morto. "E ele falou alguma coisa?", perguntou o dono da loja. "Sim", disse Alice soluçando. "Pouco antes de morrer, ele olhou pra mim e perguntou: 'Eles não vendem comida naquele *pet shop*?'"[1]

Quando tentamos preencher nossa vida com aquilo que não é o principal – o evangelho –, somos exatamente como

---

[1]  C. J. Mahaney, *The Cross Centered Life: Keeping the Gospel the Main Thing* (Sisters, OR: Multnomah, 2002), 18–19.

o pássaro de Alice – morrendo de fome numa gaiola cheia de brinquedos bonitos. Quando o evangelho não está mais no centro, logo sentimos os efeitos em todos os aspectos da nossa vida – desde o lar até a igreja e o local de trabalho e todos os pontos intermediários. Por essa razão, precisamos constantemente orientar nossa vida em torno do evangelho: as boas novas de que Deus salva os pecadores da sua ira para sua glória por meio da morte substitutiva de Cristo.

Não podemos salvar a nós mesmos. É absurdo pensar de forma diferente. Por um momento, vamos imaginar que eu seja proprietário de uma pintura famosa, e que a expus orgulhosamente em minha sala de estar. Certo dia, alguém que convidei para jantar decide (por alguma razão inimaginável) rabiscar essa pintura com um pincel atômico preto. Meu quadro ficou arruinado. Ao perceber meu desgosto, meu convidado vai até a estante de revistas, pega um catálogo de equipamento de caça e pesca, arranca uma foto da última palavra em indumentária de caça, cola essa foto no quadro e me assegura que essa obra de arte está como nova. Qual será minha resposta? Para início de conversa, vou questionar a saúde mental do meu convidado. Depois, vou desprezar sua fraca tentativa de restaurar a pintura. Ele não tem como consertá-la. Ela está arruinada!

Dessa mesma forma, não temos condições de consertar a nós mesmos. Não há soluções tipo Band-Aid, porque o problema é profundo demais. Nosso pecado afeta cada pensamento, molda cada desejo, corrompe cada palavra, e mancha cada ação. Por causa do nosso pecado, estamos "acumulando ira" para o dia da revelação do justo juízo de Deus (Rm 2.5). Essa expressão "acumulando" significa acumulação gradual. Ou seja, a ira de Deus é como a água que se acumula numa barragem. Ela sobe mais e mais até que a barragem arrebenta. Essa ira acumulada encontra-se à espera dos pecadores.

Mas a boa nova é que Deus salva pecadores. Em Cristo, a ira de Deus é desviada. Deus puniu a Cristo, de maneira que pudesse nos perdoar. Deus condenou a Cristo, de forma que ele pudesse nos justificar. Ao dar-se a si mesmo, Cristo revelou o amor do Pai por nós. Em amor, ele subiu na vergonhosa cruz para carregar nossa culpa e vergonha, derramando sua alma na morte.

Cristo afirma: "Em verdade vos digo que, se não vos converterdes e não vos tornardes como crianças, de modo algum entrareis no reino dos céus" (Mt 18.3). Quando nossos filhos nos chamam no meio da noite ou sobem ao nosso colo para se aconchegarem; quando eles nos chamam quando levam um tombo, quando nos seguram a mão quando tropeçam, olham para nós em busca de proteção e orientação, e nos chamam de papai e mamãe, será que nos damos conta do que estamos testemunhando? O caminho de entrada do reino!

Diante da santidade de Deus, somos humilhados por causa da nossa pecaminosidade. Reconhecendo a impossibilidade de salvar a nós mesmos, achegamo-nos a Cristo em dependência infantil, e olhamos unicamente para ele para nos salvar. Maravilha das maravilhas! Deus nos recebe em Cristo – seu Amado. Ele nos salva de tal forma que podemos desfrutar da beleza da sua glória. Ele nos salva de tal forma que podemos ficar satisfeitos na sua incompreensível grandeza e bondade.

Esse evangelho glorioso é a coisa *principal* – nossa vida precisa girar em torno deste centro. É importante apreender firmemente esta ideia enquanto viajamos através dos Salmos dos Degraus.

### *Dica de viagem n.º 2:* **Mantenha seu foco no reino**

O que tem o reino a ver com os Salmos dos Degraus? Muito mais do que você, a princípio, possa pensar. Em João 5.39, Cristo declara: "Examinais as Escrituras, porque julgais ter nelas a vida eterna, e são elas mesmas que testificam de mim". Thomas Adams explica o significado das palavras de Cristo da seguinte maneira: "[Ele é] a essência de toda a Bíblia, profetizado, tipificado, prefigurado, demonstrado, manifestado, para ser encontrado em toda página, quase em toda linha;

as Escrituras não são outra coisa senão as faixas que envolviam o menino Jesus".[2]

Hoje, parece que muita gente esqueceu que o tema central do Antigo Testamento é Cristo. Jeremy Walker compara essa tendência a uma galeria de arte imaginária, com muitos retratos de um mesmo homem, pintados por um mesmo artista.[3] A galeria é composta de duas seções principais: a primeira é iluminada, limpa e arrumada, e recebe muitos visitantes; mas a segunda é escura, suja e desarrumada, e recebe muito poucos visitantes. Por quê? Com o passar do tempo, as pessoas começaram a opinar dizendo que os primeiros retratos do artista não eram dos melhores. Algumas dessas pessoas chegaram ao ponto de deduzir que o homem dos retratos antigos não era o mesmo dos retratos mais recentes. E, assim, a maioria das pessoas parou de visitar a seção antiga da galeria de arte. Aos poucos, suas salas começaram a cair aos pedaços porque ninguém arrumava as lâmpadas, nem limpava o chão, nem tirava o pó dos retratos. Agora, muito pouca gente se aventura a chegar perto dessa seção da galeria, porque não acham que ela contenha qualquer coisa digna de ser vista. É exatamente assim que muitos cristãos se aproximam do Antigo Testamento. Em suma, a maioria não acha que Cristo esteja ali, e os poucos que se aventuram a entrar não conseguem mais encontrá-lo ali.

Não devemos nunca perder de vista que o Antigo Testamento se refere a Cristo – que as Escrituras são "as faixas que envolveram o menino Jesus". Ele é o cumprimento de suas promessas e profecias, cerimônias e rituais, esperanças e desejos. No princípio do seu ministério, Cristo anunciou: "O tempo está cumprido, e o reino de Deus está próximo" (Mc 1.15). Obviamente, um cumprimento requer uma promessa.

---

2   Thomas Adams, *The Works of Thomas Adams* (Edimburgo: James Nichol, 1861–1862), 3:224.

3   Jeremy Walker, "Christ in All the Scriptures and Jesus on Every Page", *Reformation* 21 (August 20, 2013), http://www.reformation21.org/blog/2013/08/christ-in-all-the-scriptures-a.php.

Então, a que promessa Cristo estava se referindo? Ele estava declarando que a expectativa do Antigo Testamento com respeito à chegada do reino de Deus estava cumprida. No tempo dos patriarcas, esse reino foi prometido; no tempo dos juízes, ele foi prefigurado; no tempo dos reis, ele foi apresentado em pré-estreia; e no tempo dos profetas, ele foi profetizado. Ou seja, o plano de Deus com respeito ao seu reino foi progressivamente revelado em todo o Antigo Testamento. Em sua primeira vinda, Cristo inaugurou esse reino: "O tempo está cumprido". Em sua segunda vinda, ele vai consumar esse reino. No espaço entre essas duas vindas, ele reina como Mediador (1Co 15.23-26; Ef 1.22; Hb 10.12-13).

Por isso, quando nos voltamos para o Antigo Testamento, não o interpretamos como um fim em si mesmo, mas à luz do seu fim supremo: Cristo e seu reino. Essa, também, é a maneira pela qual nos aproximamos dos Salmos dos Degraus. Nós os contemplamos através das lentes de Cristo e do seu reino mediador.

### *Dica de viagem n.º 3:* **Mantenha seu foco na glória**

Paulo afirma: "Porque para mim tenho por certo que os sofrimentos do tempo presente não podem ser comparados com a glória a ser revelada em nós" (Rm 8.18). A expressão "tenho por certo" refere-se a um processo de raciocínio que conduz a uma conclusão. E, dessa forma, Paulo coloca o sofrimento presente de um lado e a glória futura do outro lado e usa seu poder de raciocínio para comparar os dois.

Qual é a sua conclusão? É interessante que ele não conclui que a glória futura é um pouco maior do que o sofrimento presente; nem conclui que a glória futura é duas vezes maior do que o sofrimento de agora – ou cem vezes ou mil vezes maior do que o sofrimento presente. Ele conclui: "os sofrimentos do tempo presente não podem ser comparados com a glória a ser revelada em nós". O foco de Paulo na glória futura lhe dá uma perspectiva que o capacita a suportar o sofrimento de agora.

Como cristãos, precisamos desesperadamente desse tipo de perspectiva.

Em 1952, uma jovem chamada Florence Chadwick aventurou-se a nadar saindo da Ilha de Catalina para chegar ao continente, na Califórnia. Ela havia se destacado como nadadora de longa distância, tornando-se a primeira mulher a nadar ida e volta o Canal da Mancha. O tempo estava nebuloso e frio no dia em que ela saiu de Catalina; ela mal podia ver os botes que a estavam acompanhando.

Ela nadou por 15 horas. Ela, então, pediu que a tirassem da água, mas seu treinador a incentivou a perseverar, dizendo-lhe repetidas vezes que ela conseguiria fazê-lo, que a praia não estava longe. Física e emocionalmente exausta, Florence simplesmente parou de nadar e foi puxada para dentro do barco, o qual então se dirigiu até a praia – apenas uns 800 metros adiante.

No dia seguinte, Florence concedeu uma entrevista aos jornalistas. O que ela disse a respeito do acontecido foi o seguinte: "Não quero me justificar. Fui eu que pedi que me tirassem da água. Mas eu acho que, se tivesse conseguido ver a praia, teria ido até o fim". Dois meses mais tarde, ela comprovou o que havia dito. Num dia claro e luminoso, ela tornou a mergulhar no mar e nadou toda aquela distância.[4]

Será que conseguimos ver a praia? Será que temos uma visão clara do lugar para onde nos dirigimos? Infelizmente, muitos de nós não têm, e, em decorrência disso, nos debatemos. Desistimos. Para evitar essa armadilha, precisamos nos preparar para pensar de forma escatológica. Essa é uma frase e tanto. Mas o que ela significa? Em termos bem simples, significa que devemos ter em mente duas *eras* (Ef 1.21). A primeira é a *era atual*; ela começou na criação e continuará até a segunda vinda de Cristo. A segunda é a *era futura*; ela começou na primeira vinda de Cristo e continuará por toda a eternidade.

---

4 Don Carson, *A Call to Spiritual Reformation: Priorities from Paul and His Prayers* (Grand Rapids: Baker, 2005), 61.

Por essa razão, entre a primeira e a segunda vindas de Cristo, essas duas eras se sobrepõem. No presente, experimentamos a tensão de viver em duas eras – os últimos dias. Outra maneira de descrever essa tensão é dizer que vivemos com as realidades da salvação do *já* e do *ainda não*. Cristo *já* inaugurou seu reino, mas ele *ainda não* o consumou. Isso implica no fato de que fomos salvos mas ainda aguardamos a salvação, fomos adotados mas ainda aguardamos ser adotados, e fomos redimidos mas ainda aguardamos a redenção. Quando compreendemos essa *tensão*, somos capazes de pesar nossas presentes condições e circunstâncias à luz da glória eterna.

Vários anos atrás, por duas semanas, ensinei numa escola bíblica na cidade de Kathmandu, no Nepal. Do restaurante do hotel, eu tinha uma maravilhosa visão do Himalaia. Sua grandeza exerceu um efeito assombroso sobre mim à medida que eu o contemplava dia após dia. Essas montanhas me fizeram sentir como eu era terrivelmente pequeno. Certa tarde, sentei-me do lado de fora, contemplando o sol escondendo-se por detrás das montanhas cheias de neve. À medida que o céu escurecia, as estrelas apareceram aos poucos. Do lugar onde eu estava sentado, as estrelas eram simples pontinhos no céu – coisinhas insignificantes em comparação com o Himalaia.

Mas aqui está uma pergunta fascinante: Se eu fosse capaz de viajar até às estrelas, como seria o Himalaia visto a partir dessa posição privilegiada? Você percebe aonde eu quero chegar? É fácil perdermos a perspectiva na nossa viagem para casa, e permitir que nossas circunstâncias nos envolvam. Para evitar isso, precisamos escalar bem alto para conseguir uma visão correta das coisas: temos de vê-las de forma escatológica.

Os Salmos dos Degraus são valiosos e nos fornecem essa perspectiva tão necessária, ajudando-nos a viver na presente era e também na esperança da era vindoura.

### *Dica de viagem n.º 4:* **Mantenha seu foco no mistério**

O que é o mistério? Refiro-me à providência de Deus – um tema recorrente nos Salmos dos Degraus. Quando falamos da providência de Deus, estamos simplesmente reforçando o fato de que Deus "faz todas as coisas conforme o conselho da sua vontade" (Ef 1.11). No final das contas, confessamos que essa verdade é um mistério, porque contém muito mais do que nossa mente finita consegue entender. (Para uma breve discussão de algumas das complexidades associadas a esta doutrina, veja o Apêndice: a providência de Deus, no final deste livro)

O fato de que a providência de Deus ultrapassa a compreensão humana não deve nos surpreender. Será que conseguimos compreender as coisas profundas de Deus? Será que conseguimos compreender aquele que habita em luz inacessível – aquele que nenhum olho humano consegue ver (1Tm 6.15-16)? É mais fácil segurar o sol com as mãos ou conter o oceano num copo do que compreender Deus em sua plenitude com nosso entendimento limitado. Nossa mente não consegue conter aquele que nem mesmo o universo consegue conter. Não passamos de crianças pequenas, paradas à beira da praia, tentando em vão colocar o oceano num balde. Podemos sondar os limites do Todo-Poderoso (Jó 11.7-9)? É mais fácil segurar as estrelas na palma das mãos, pesar as montanhas numa balança, juntar os oceanos num dedal, e equilibrar os arranha-céus do mundo inteiro numa agulha do que descobrir os limites do Todo-Poderoso.

Eles são mais altos do que o céu, mais profundos que o *Sheol*, mais amplos do que a terra, e mais largos do que o mar. O céu é alto, mas é limitado; o *Sheol* é profundo, mas é restrito; a terra é ampla, mas tem fronteiras; e o mar é largo, mas tem limites. Somente Deus não tem limites, não tem restrições, não tem fronteiras, não é controlado por nada nem ninguém.

Com este Deus insondável diante de nós, recebemos grande conforto quando percebemos que ele "faz todas as coisas conforme o conselho da sua vontade" – mesmo que muitas vezes não consigamos compreender sua providência. Além disso, ele faz com que todas as coisas cooperem juntamente para o bem do seu povo (Rm 8.28). Nós descansamos na convicção de que este grande Deus governa o universo (sua providência geral) para o benefício da sua igreja (sua providência especial). Esta convicção encontra-se em primeiro plano nos Salmos dos Degraus. Ela molda a perspectiva dos salmistas a todo o momento e infunde coragem espiritual no meio de todas as suas tribulações.

## Resumo

Aí estão – quatro dicas para viajar através desses 15 salmos. Eu reconheço que nossa jornada será um pouco mais complicada do que viajar de Toronto a Orlando. Como já mencionei, ela é cheia de alegrias e tristezas, vales aprazíveis e montanhas perigosas, ganhos que nos encorajam e perdas mutilantes. Às vezes, o vento está a nosso favor e o sol não nos ofusca; outras vezes, sentimo-nos como um pequeno barco à mercê de uma grande tempestade. Qualquer que seja nossa condição, estou certo de que essas *dicas* nos ajudarão a movimentar-nos na direção correta. Por essa razão, vou me certificar de lembrá-las a você em vários lugares durante o caminho.

Um lembrete final antes de começarmos: uma característica interessante dos Salmos dos Degraus é que não conhecemos o exato contexto da maioria deles. Em outras palavras, não sabemos as circunstâncias específicas que deram origem à maioria desses salmos. Acredito que o Espírito Santo os fez dessa forma, de maneira que podemos nos identificar de imediato com a experiência dos salmistas e aplicá-la a nosso próprio contexto. E, assim, minha abordagem será bem direta: tentarei apresentar o sentido de cada salmo enquanto mantenho o foco principalmente em seu significado para nossa própria jornada para casa. Tendo dito tudo isso, é hora de começar.

# CAPÍTULO 1

# Em busca da paz

*Salmo 120*

1 *Na minha angústia, clamo ao* Senhor, *e ele me ouve.*
2 Senhor, *livra-me dos lábios*
*mentirosos, da língua enganadora.*
3 *Que te será dado ou que te será*
*acrescentado, ó língua enganadora?*
4 *Setas agudas do valente e brasas vivas de zimbro.*
5 *Ai de mim, que peregrino em Meseque*
*e habito nas tendas de Quedar.*
6 *Já há tempo demais que habito com os que odeiam a paz.*
7 *Sou pela paz; quando, porém, eu*
*falo, eles teimam pela guerra.*

Estou no ministério pastoral, em uma função ou outra, por quase 20 anos. Uma coisa que entendo agora, que eu não sabia quando comecei, é que o ministério está cheio de desafios. Na minha opinião, um dos mais difíceis é lidar com a língua.

Sei que isso pode parecer estanho; portanto, vou explicar o que quero dizer. Vários anos atrás, um colega meu começou a deturpar diante dos outros as minhas opiniões, meus pontos de vista e minhas decisões. Essas sementes de calúnia logo se transformaram em falsas acusações. Infelizmente, algumas pessoas aceitaram essas deturpações sem nenhuma hesitação. Isso foi muito ruim, mas o pior é que eu sabia o que estava acontecendo, mas não podia fazer nada a respeito da situação.

Eu não podia nem controlar nem estancar os boatos e as mentiras. Não havia fórum onde eu pudesse esclarecer as coisas, nem mecanismo para lidar com o que estava por trás de tudo aquilo.

Eu estava preso – vítima de uma campanha de difamação. Quando olho para trás, percebo que esse foi um dos momentos mais difíceis nesses anos de ministério pastoral – e também de toda a minha vida. Tenho certeza que você se identifica com o que estou descrevendo – a maioria de nós sabe por experiência própria o que é ser encarcerado na *cela do presídio das palavras.*

O Salmo 120 trata desse dilema doloroso. O salmista começa: "Na minha angústia, clamo ao SENHOR, e ele me ouve" (v. 1). Aqui, o salmista dá um breve resumo da sua experiência, destacando três fatos simples. Primeiro, ele diz que estava em "angústia", uma palavra que literalmente se refere a um espaço fechado ou restrito. Assim, o salmista está dizendo que se sente como um animal enjaulado ou preso numa armadilha. Ele não podia nem voar nem lutar. A imagem é de alguém completamente desamparado. Segundo, ele diz que "clama" a Deus em sua angústia. Por quê? Evidentemente, ele sabia que resolver sua situação aflitiva estava além da sua capacidade. Reconhecendo sua inabilidade de fazer qualquer coisa a respeito da sua situação, ele olhou para Deus como sua única esperança. Em terceiro lugar, ele diz que Deus "atendeu" sua oração.

Essa é a maneira como o salmista resume sua experiência. É algo breve. Não sei quanto a você, mas isso me deixa com um monte de perguntas. O que provocou nele essa angústia? O que foi exatamente que ele disse quando clamou a Deus? Como foi que Deus lhe respondeu? Ainda bem que no restante do salmo ele dá os detalhes que faltavam.

### A angústia do salmista (v. 2)

"SENHOR, livra-me dos lábios mentirosos, da língua enganadora."

A causa da angústia do salmista fica, agora, evidente – as pessoas estão falando mal dele. Não sabemos exatamente o que estão dizendo, mas sabemos a natureza das suas mensagens: engano, acusação, calúnia, fofoca, mentira, difamação, deturpação. Você consegue entender a situação? O salmista é vítima de assassinato de reputação, e está angustiado porque é incapaz de fazer qualquer coisa a respeito da situação. Ele não pode defender-se, nem pode partir para a ofensiva. Ele se sente como um animal que caiu numa armadilha – não consegue nem voar nem lutar. Esses ataques verbais se tornaram sua prisão.

Isso já aconteceu com você? Você já foi caluniado sem saber quem foi o autor da calúnia? Já foi vítima de alguma campanha de difamação? Alguém já espalhou mentiras a seu respeito que lhe deixaram sem condições de reparar o dano? Não lhe foi dada oportunidade de responder – de arrumar as coisas. Esses ataques verbais se tornaram sua prisão?

Você já foi ridicularizado em público? "Você não presta." "Você é nojento." "Você é estúpido." O que nossas mães nos ensinaram? "Violência física pode me machucar, mas palavras não." Lembro-me de ouvir essas palavras muitas vezes no pátio de recreio, e estou certo que muitos adultos ainda repetem para si mesmos esse ditado de uma forma ou de outra. Mas com o devido respeito a nossas mães, elas estavam erradas. As palavras podem causar dano muito maior do que pedaços de pau. Elas podem nos aleijar por toda a vida e se transformar em prisões de onde não há jeito de escapar.

Sem dúvida, a língua é um instrumento de valor inestimável. Ela conforta, instrui, acalma, inspira, apazigua, informa, encoraja e corrige. Sem ela, a mãe não poderia entoar cantigas de ninar para seus filhos, a professora não poderia instruir seus alunos, o tenente não poderia dar ordens a suas tropas, a advogada não conseguiria defender seus clientes, e o pregador não poderia proclamar o evangelho. Mas, a despeito de suas muitas realizações, a língua é um instrumento que pode ser indevidamente usado e abusado.

Tiago diz que a língua é poderosa (Tg 3.3-5). Nós dominamos um cavalo com uma pequena rédea e conduzimos um navio com um pequeno leme. Esses pequenos instrumentos guiam, controlam e influenciam objetos enormes – exercendo influência desproporcional ao seu tamanho. Tiago alerta: "Assim, também a língua, pequeno órgão, se gaba de grandes coisas".

Tiago diz também que a língua é perigosa (Tg 3.5-6). Ele afirma: "Vede como uma fagulha põe em brasas tão grande selva!" Muitas vezes, o que causa um incêndio florestal é algo insignificante. Uma simples faísca rapidamente dá origem a uma chama, que assola durante dias, semanas, ou meses, consumindo milhares de hectares de vegetação e tudo o que estiver em sua frente. Dessa mesma forma, a língua é uma faísca, que "põe em chamas todo o curso da existência humana". Ela é "mundo de iniquidade", que rapidamente desencadeia em malícia, engano, fofoca, amargura, calúnia e murmuração. Ela produz confusão e cria o caos. Ela molesta, deprecia e destrói. Ela faz prisioneiros e não tem misericórdia de ninguém – não importa se são inocentes. Ela destrói reputações, amizades, famílias, ministérios e igrejas.

Por fim, Tiago diz que é impossível controlar a língua (Tg 3.7-8). Nós conseguimos domar animais selvagens como leões, ursos, golfinhos e elefantes; mas "a língua... nenhum dos homens é capaz de domar". Por quê? Tiago apresenta duas razões. A primeira é que a língua é "mal incontido". Os animais podem ser contidos em jaulas, mas nada consegue conter a língua. É impossível segurá-la, muito menos controlá-la. A segunda é que a língua é "carregada de veneno mortífero". Como uma cobra, a língua é venenosa: sua natureza é ferir.

Agora, permita-me fazer uma pausa para perguntar algo muito importante: Será que reconhecemos nossa tendência de praticar esse pecado? Será que somos culpados de provocar "angústia" na vida dos outros? Será que nossa língua está cheia de inveja e amargura? Será que nossa garganta é um sepulcro aberto? E nossas palavras? São maliciosas e difamadoras? Será que estão aos poucos abatendo os outros? Temos deixado vítimas no rastro das nossas tempestades verbais? Será que nossas palavras são como a combinação de um hábil boxeador – *jabs*, ganchos, cruzados, diretos? Se for assim, faremos bem em lembrar que nossa maneira de falar é o teste infalível de nossa verdadeira religião: "Se alguém supõe ser religioso, deixando de refrear a língua, antes, enganando o próprio coração, a sua religião é vã" (Tg 1.26).

Também será bom lembrar que a língua é a linha divisória entre o céu e o inferno: "Digo-vos que de toda palavra frívola que proferirem os homens, dela darão conta no Dia do Juízo; porque, pelas tuas palavras, serás justificado e, pelas tuas palavras, serás condenado" (Mt 12.36-37). Por que Cristo diz isso? É porque as palavras são o melhor indicador daquilo que se encontra no coração: "Porque a boca fala do que está cheio o coração" (Mt 12.34). Em outras palavras, tudo aquilo que cresce com abundância em nosso coração com o passar do tempo encontra jeito de expressar-se através de nossas palavras.

Não temos condições de refrear nossa língua pelo fato de não podermos mudar nosso coração; mas Cristo pode fazer ambas as coisas. Por meio do evangelho, ele humilha o coração soberbo e quebra o coração teimoso, fazendo com que seja possível crescerem ali a mansidão, a bondade e a docilidade. Por meio do evangelho, ele transforma a amargura em doçura, transformando palavras "corruptas" em palavras de edificação (Ef 4.29).

## A oração do salmista (v. 2)

"SENHOR, livra-me dos lábios mentirosos, da língua enganadora."

É interessante que o salmista se dirija a Deus como o "SENHOR". Esse nome é cheio de significado porque declara a *natureza* do ser de Deus. "Disse Deus a Moisés: 'EU SOU O QUE SOU'. Disse mais: Assim dirás aos filhos de Israel: EU SOU me enviou a vós outros" (Êx 3.14). Deus é EU SOU, significando que sua existência nada conhece de passado ou futuro porque ele "habita a eternidade" (Is 57.15).

Além de indicar a sua eternidade, o nome de Deus também aponta para a sua imutabilidade. Tiago escreve: "Toda boa dádiva e todo dom perfeito são lá do alto, descendo do Pai das luzes, em quem não pode existir variação ou sombra de mudança" (Tg 1.17). As "luzes" (sol, lua e estrelas) lançam sombras à medida que se movem em sua órbita. Essas sombras estão constantemente mudando. Mas Deus – "o Pai das luzes" – não é assim; por causa da sua natureza, ele não pode mudar. Não existem processos nele nem forças fora dele que possam fazê-lo mudar. "...eu, o Senhor, não mudo" (Ml 3.6).

Edward Pearse resume o significado dessa verdade maravilhosa: "[Deus] é para sempre o mesmo, imutável em grandeza, imutável em bondade, imutável em sabedoria, imutável em poder, imutável em santidade, imutável em fidelidade, imutável em plenitude e suficiência. De todas as formas, ele é um Deus imutável. Aquilo que ele era, ele é; aquilo que ele é, ele o será para todo o sempre".[5]

Este Deus imutável é o Criador de todas as coisas. Paulo declara: "Porque dele, e por meio dele, e para ele são todas as coisas" (Rm 11.36). Todas as coisas provêm de Deus e tornam para ele, significando que ele é a causa *por meio da qual* todas as coisas existem, o meio *pelo qual* todas as coisas existem, e a finalidade *para a qual* todas as coisas existem. Este Deus imutável é também o Governador de todas as coisas. Paulo declara: "[Deus] é sobre todos, age por meio de todos e está em todos" (Ef 4.6). Aqui vai uma pequena lição de gramática: há três preposições neste versículo. Primeira, Deus é *sobre* todos. Essa é sua presença *majestosa*; ele "habita nos céus" (Sl 2.4), onde ele manifesta plenamente a sua glória. Segunda, Deus age por meio *de* todos. Essa é sua presença providencial; ele não está afastado da criação, mas sustenta, decide e governa tudo. Ele sustenta "todas as coisas pela palavra do seu poder" (Hb 1.3). Terceira, Deus está *em* todos. Esta é a sua presença *essencial*; ele

---

5    Edward Pearse, *A Beam of Divine Glory; or, The Unchangeableness of God Opened, Vindicated, and Improved* (1674; reimpr., Morgan: Soli Deo Gloria, 1998), 83.

está presente em todos os lugares o tempo todo. "Acaso, sou Deus apenas de perto, diz o Senhor, e não também de longe? Ocultar-se-ia alguém em esconderijos, de modo que eu não o veja? – diz o Senhor; porventura, não encho eu os céus e a terra? – diz o Senhor" (Jr 23.23-24).

Este é o Deus que o salmista invoca em sua hora de angústia; ele se aproxima deste Deus infinito e sem limites – o Criador e Governador de todas as coisas. Ele se dirige em oração a esse Deus incomparável e incompreensível: "Livra-me, ó Senhor". Que tremendo privilégio! Aquele que é eu sou determinou que a oração fosse aquilo que Jonathan Edwards descreve como o "antecedente da concessão da misericórdia".[6] Ou seja, este Deus imutável, que é misericordioso para com seu povo, ordenou a oração como a maneira de suplicarmos aquilo que ele prometeu conceder.

## A resposta do Senhor (v. 3-7)

Neste capítulo, Salmo 120, Deus responde à oração do salmista, mas não da maneira que nós provavelmente esperávamos que ele o fizesse. O salmista ora por libertação dos "lábios mentirosos" e da "língua enganadora". Naturalmente, esperamos que Deus responda removendo os oponentes amargos do salmista e restaurando o seu bom nome. Mas, surpreendentemente (para nós, em todo caso), não é isso o que acontece. O final não é como nos contos de fada.

Deus responde à oração do salmista mudando não suas circunstâncias, mas mudando sua perspectiva. Dizendo de outra forma, Deus responde a oração do salmista libertando-o não dos seus problemas, mas libertando-o *de si mesmo*. Como? Em suma, Deus guarda o salmista da armadilha da amargura, guarda-o do espírito de vingança, e o capacita a buscar a paz com seus inimigos enquanto aguarda a justiça divina. Tudo isso fica evidente por meio daquilo que o salmista afirma nos versículos 3-7.

---

6 Jonathan Edwards, *The Most High: A Prayer-Hearing God*, em *The Works of Jonathan Edwards* (Edimburgo: Banner of Truth, 1974), 2:116.

*Em primeiro lugar, o salmista espera a justiça.* "Que te será dado ou que te será acrescentado, ó língua enganadora? Setas agudas do valente e brasas vivas de zimbro" (vv. 3-4). Aparentemente, o zimbro era uma fonte comum de lenha para fazer fogo nos tempos antigos porque queimava mais tempo do que outros tipos de madeira. Assim, o salmista o menciona para destacar o poder destrutivo dessas flechas inflamadas. Isso está bem claro. A dificuldade consiste em tentar determinar o que ele pretende representar com as flechas inflamadas.

É possível que o salmista esteja usando esta imagem viva para descrever a destruição causada *pela* "língua enganadora". Em concordância com esse ponto de vista, João Calvino diz: "A língua desses difamadores estava inflamada com o ardente calor do fogo, e, por assim dizer, mergulhada em veneno mortal".[7] Mas também é possível que o salmista esteja usando esta imagem vívida para descrever a destruição causada *na* "língua enganadora". Em outras palavras, o salmista pode estar dizendo que o juízo de Deus sobre os seus inimigos será como "as agudas flechas de um guerreiro, com ardentes brasas do zimbro".

De toda forma, o ponto principal do salmista é o mesmo: ele antevê a justiça. "Que te será dado ou que te será acrescentado, ó língua enganadora?" As circunstâncias do salmista podem não ter mudado; na verdade, pode até ser que sua situação fique ainda mais difícil; mas ele descansa no fato de que, com o passar do tempo, Deus vai consertar tudo o que está errado.

*Em segundo lugar, o salmista aspira à paz.* "Ai de mim, que peregrino em Meseque e habito nas tendas de Quedar. Já há tempo demais que habito com os que odeiam a paz. Sou pela paz; quando, porém, eu falo, eles teimam pela guerra" (vv. 5-7). O salmista lamenta o fato de morar em Meseque (Ásia Menor) e em Quedar (Arábia). Como é possível ele morar ao mesmo tempo em dois lugares que estão a centenas de quilômetros de distância um do outro? Isso não é possível. Ele está falando de

---

7 Calvino, *Commentary on the Book of Psalms*, 6:5.58.

forma metafórica dos seus inimigos, que na verdade são companheiros israelitas. Seu ponto é que, viver entre aqueles que odeiam a paz, é como viver nos lugares pagãos de Meseque e Quedar. Mas, a despeito da oposição e da frustração, ele não paga calúnia com calúnia, malícia com malícia, engano com engano, boato com boato, ou mentira com mentira. Em vez disso, ele permanece comprometido na busca pela paz. Ele não apenas se abstém do mal, mas tenta triunfar sobre seus inimigos mediante a paciente espera em Deus.

É assim que Deus responde a oração do salmista em favor de libertação. Novamente, Deus não liberta o escritor dos seus problemas, mas *de si mesmo*. Deus liberta o salmista mudando sua perspectiva, com isso preservando-o do pecado.

Nós, também, precisamos desse tipo de libertação quando estamos sendo alvos de ataques verbais. Sejamos honestos: normalmente, respondemos de forma pecaminosa quando alguém peca contra nós. Ou não? Depois de tudo dito e feito, não somos muito diferentes de Shylock do *Mercador de Veneza* de Shakespeare. Se você desconhece este clássico, permita-me dar-lhe algumas informações. Antônio (um mercador de Veneza) havia desdenhado de Shylock em várias ocasiões, e Shylock guarda um registro mental de todo insulto enquanto secretamente maquina sua vingança. Certo dia, Antônio chega a Shylock para solicitar um empréstimo para um empreendimento comercial. Shylock concorda — sem juros, mas com uma condição: se Antônio deixar de pagar o empréstimo, ele precisa penhorar uma libra (454 gramas — N. do T.) da sua própria carne. No desenrolar da história, os navios de Antônio se perdem no mar, seu empreendimento comercial fracassa, e ele não tem condições de pagar seu débito. Shylock rejeita todas as súplicas por clemência. Ele não quer saber de conceder a Antônio tempo adicional para conseguir o dinheiro. Ele nem mesmo aceita a oferta de um amigo de pagar duas vezes o tanto que Antônio lhe deve. Por quê? Porque ele quer a libra de carne de Antônio!

Somos assim também? Quando alguém nos ofende, nosso primeiro impulso é guardar um registro mental – guardado na manga para o momento certo. Sentimo-nos no direito de dar o troco, mesmo que seja só um pouco. Será que alguma das seguintes situações lhe parece familiar? Minha esposa disse algo grosseiro, então vou usar a tática do silêncio; afinal, preciso enviar-lhe uma mensagem bem clara. Meu patrão falou duro comigo quando me corrigiu. Bem, vou fazer com que todos do escritório fiquem sabendo quem ele realmente é, um perdedor; afinal, ele precisa aprender um pouquinho sobre humildade. Meu filho me contestou na frente de alguns convidados. Vou puni-lo de tal forma que ele nunca mais me faça vergonha desse jeito. Minha irmã me criticou quando eu tinha 15 anos. Vou mencionar isso no jantar do dia de ações de graças (dez anos depois) para envergonhá-la na frente de todo mundo. É claro, vou fazer isso como se fosse uma brincadeira.

Paulo nos exorta: "Não torneis a ninguém mal por mal... se possível, quanto depender de vós, tende paz com todos os homens; não vos vingueis a vós mesmos, amados, mas dai lugar à ira; porque está escrito: A mim me pertence a vingança; eu é que retribuirei, diz o Senhor" (Rm 12.17-19). Esta passagem nos dá um excelente resumo da atitude do salmista em meio à sua angústia. Ele ora para ver-se livre daqueles que o prejudicaram, recusa-se a vingar-se, procura viver em paz, e entrega a Deus sua situação difícil.

## Conclusão

Quando paramos um pouco, descobrimos que este salmo, no final das contas, nos conduz a Cristo. *Veja a dica de viagem n.º 2.* Quando lemos os Evangelhos, vemos Cristo em grande aflição por conta do que o povo diz a seu respeito. Eles o interpretam mal e adulteram suas palavras, zombam dele e o maldizem. Eles o acusam de violar o *Shabbath*, rejeitar as Escrituras, desonrar o templo, servir ao Diabo, e apoiar os romanos. Eles até o acusam de blasfêmia. Quando está sofrendo em agonia, eles zombam: "Salva-te a ti mesmo, se és Filho de Deus, e desce da cruz!" (Mt 27.39-40).

Como Cristo reagiu a isso tudo? "... ele, quando ultrajado, não revidava com ultraje; quando maltratado, não fazia ameaças, mas entregava-se àquele que julga retamente, carregando ele mesmo em seu corpo, sobre o madeiro, os nossos pecados, para que nós, mortos para os pecados, vivamos para a justiça" (1Pe 2.23-24). Aqui está a resposta: em vez de vingar-se, Cristo escolheu entregar-se "àquele que julga retamente". Ele o fez porque tinha em vista um glorioso alvo: a cruz. E esse deve ser o nosso foco quando nos encontramos na mesma situação do salmista. *Veja a dica de viagem n.º 1.*

A cruz nos dá condições de escapar da prisão das palavras. Como? Ela dá forma a nossa identidade. Como cristãos, somos um com Cristo em sua morte, sepultamento e ressurreição. Pelo fato de sermos um com ele, somos justificados à vista de Deus e adotados na família dele. Isso faz com que sejamos os *amados* de Deus. Por essa razão, não nos definimos com base naquilo que os outros dizem a nosso respeito, mas com base naquilo que Deus diz. E isso nos liberta da *prisão das palavras.*

A cruz também nos capacita a oferecer perdão àqueles que odeiam a paz. Quando contemplamos a cruz, somos quebrantados e dominados pelo amor de Deus por nós. Além disso, somos compelidos a silenciar nosso desejo de vingança pessoal e somos compelidos a estender compaixão aos outros. Pela graça de Deus, quanto depender de nós, buscamos a paz com todos.

Por fim, a cruz nos capacita a perseverar na terra de Meseque e de Quedar. Estamos cercados de gente que odeia a paz. Mas Cristo está entronizado em glória (Ap 1.12-18). Seu cabelo é como a branca neve, e seus pés são como o bronze polido. Sua voz é como o estrondo de muitas águas, e sua face é como o sol em sua plenitude. Ele anda no meio do seu povo dizendo: "Não temas; eu sou o primeiro e o último e aquele que vive; estive morto, mas eis que estou vivo pelos séculos dos séculos" (vv. 17-18). Estamos certos de que a libertação virá – plena e definitivamente. Quaisquer que sejam os ataques verbais que sofremos agora, sabemos que Cristo corrigirá todas as injustiças. Somente ele tem a palavra final.

# CAPÍTULO 2

# Em busca de ajuda

## Salmo 121

1 *Elevo os olhos para os montes: de onde me virá o socorro?*

2 *O meu socorro vem do SENHOR, que fez o céu e a terra.*

3 *Ele não permitirá que os teus pés vacilem;*
*não dormitará aquele que te guarda.*

4 *É certo que não dormita, nem dorme o guarda de Israel.*

5 *O SENHOR é quem te guarda; o SENHOR*
*é a tua sombra à tua direita.*

6 *De dia não te molestará o sol, nem de noite, a lua.*

7 *O SENHOR te guardará de todo mal; guardará a tua alma.*

8 *O SENHOR guardará a tua saída e a tua*
*entrada, desde agora e para sempre.*

No livro *O Peregrino*, John Bunyan descreve a viagem que Cristão faz da Cidade da Destruição até a Cidade Celestial, narrando suas muitas experiências durante o caminho. A certa altura, Cristão e seu companheiro peregrino, Esperançoso, percebem uma agradável campina que parece correr paralela ao caminho estreito em que estão viajando. Pensando que ela facilitaria sua difícil jornada, decidem pular o muro para andar pela campina.

A princípio, vai tudo bem, mas logo se forma uma tormenta, o céu escurece, e a chuva desce. Pela manhã, eles estão completamente perdidos. Para tornar as coisas mais difíceis ainda, eles se deparam com o Gigante Desespero, que os captura, espanca e aprisiona no Castelo da Dúvida, onde se esvai toda e qualquer esperança. Depois de penarem durante vários dias, Cristão e Esperança decidem passar a noite em oração. Quando amanhece o dia, Cristão exclama: "Mas que tolo sou eu, preso nesta masmorra quando bem poderia caminhar solto por aí! Eu tenho pendurada no peito uma chave, chamada *Promessa*, que estou certo abrirá qualquer fechadura do *Castelo da Dúvida*".[8] Em poucos instantes, Cristão e Esperança estão destrancando cadeias e portões. Livres do Gigante Desespero e do Castelo da Dúvida, eles retornam ao caminho estreito.

Todos nós lutamos com a dúvida. Às vezes, a luta começa por nosso próprio descuido. Esse foi o caso de Cristão e Esperança. O caminho era difícil, e a campina parecia aprazível. Seguindo os desejos da carne, eles pularam o muro. Nós enfrentamos a mesma tentação. A jornada cristã é difícil, e podemos facilmente consentir numa equivocada tentativa de tornar as coisas mais fáceis. Quando fazemos isso, a dúvida vem logo em seguida.

O sofrimento também pode levar à dúvida. Ele vem de várias formas: doença, calúnia, alienação, hostilidade, pobreza, tristeza, desemprego, dor, abandono, perigo – para citar apenas algumas. Desejamos desesperadamente nos ver livres dessas coisas, mas elas muitas vezes persistem. Não há perspectiva de mudança e não há esperança de resolvê-las. Dia após dia, nos sentimos como um náufrago, simplesmente tentando manter a cabeça fora d'água. Um sentimento de impotência toma conta de nós, e vem a dúvida.

A única chave que destranca a prisão dessa dúvida e desse desespero é a promessa de Deus: "De maneira alguma te deixarei, nunca jamais te abandonarei" (Hb 13.5). A promessa de Deus de nos proteger alimenta nossa esperança, capacitando-nos a perseverar em meio a terríveis circunstâncias. E isso nos leva ao Salmo 121.

---

8   John Bunyan, *The Pilgrim's Progress* (Uhrichsville, OH: Barbour, 1985), 134.

## A pergunta do salmista (v. 1)

"Elevo os olhos para os montes: de onde me virá o socorro?"

O que o salmista quer dizer quando diz que ergue os olhos para os montes? A que montes ele se refere? Gramaticalmente, existem duas possibilidades. Em primeiro lugar, é possível que ele esteja associando os montes *ao lugar onde ele encontra ajuda*. Como assim? A cidade de Jerusalém está localizada na região montanhosa do país, e o templo (a casa de Deus) encontra-se em Jerusalém. Por isso, quando o salmista diz que eleva os olhos para os montes, ele pode estar expressando sua confiança no fato que Deus vai socorrê-lo.

Em segundo lugar, é possível que ele esteja associando os montes com *a razão de ele precisar de ajuda*. Isso talvez soe estranho para nós, visto que normalmente não viajamos a pé, mas os montes são uma dura realidade para o salmista. Eles representam perigo e são ameaçadores. São conhecidos por seus padrões atmosféricos imprevisíveis. São os esconderijos dos rebeldes e ladrões e o lugar de caça dos predadores e animais carniceiros. O solo é desafiador e inclemente – repleto de deslizamentos de rochas e outros perigos.

De qualquer forma, o salmista sabe que precisa de ajuda. Ele não fornece nada específico, mas simplesmente pergunta: "De onde me virá o socorro?" Talvez você já tenha feito esta pergunta alguma vez. Talvez você a esteja fazendo neste exato momento.

## A resposta do salmista (v. 2)

"O meu socorro vem do Senhor, que fez o céu e a terra."

De todas as coisas que ele poderia ter dito a respeito de Deus, por que o salmista escolhe dar ênfase à sua obra da criação? Por que isso é tão importante para ele? A resposta é simples: A obra da criação de Deus declara o seu poder infinito. Nós não temos condições de criar, *a partir do nada*, uma árvore, um arbusto, uma flor, nem mesmo uma folhinha de grama. Nós não temos condições de produzir, *a partir do nada*, uma rocha, uma concha, um seixo, nem mesmo um grão de areia. Nós temos condições de alterar a matéria – sua forma, tamanho, estado, aparência, etc. Mas não temos condições de criar a matéria quando não existe nada. Deus pode fazer isso: "... o universo [foi] formado pela palavra de Deus, de maneira que o visível veio a existir das coisas que não aparecem" (Hb 11.3). Este versículo declara dois importantes fatos a respeito da origem do universo: Deus o criou por meio da sua palavra; e Deus o criou a partir do nada.

O surpreendente é que Deus continua sustentando aquilo que ele criou. *Veja a dica de viagem n.º 4.* O poder que produziu todas as coisas a partir do nada preserva todas as coisas para que não voltem ao nada. Se ele suspendesse sua influência, o fogo não queimaria, os olhos não enxergariam, o sol não brilharia, o vento não sopraria, as mãos não se mexeriam, o pássaro não voaria, a grama não cresceria. É impossível, mesmo que seja por um momento, qualquer parte da criação existir à parte de Deus. Ele sustenta todas as coisas. De acordo com J. B. Lightfoot, Deus "é o princípio da coesão do universo. Ele imprime na criação a unidade e solidariedade que faz dele um *cosmos* em vez de um *caos*".[9] Ele mantém os planetas em sua órbita, envia a chuva para refrescar a terra, sustenta as feras do campo e as aves do céu, sustenta as nuvens enquanto passam pelo céu, e faz nascer cada broto, cada folha, cada fruto e cada flor. Ele dá existência a todas as coisas: "nele vivemos, e nos movemos, e existimos" (At 17.28).

Este Deus, "Com só olhar para a terra, ele a faz tremer; toca as montanhas, e elas fumegam" (Sl 104.32). Um simples relance de olhos produz terremotos, e um simples toque dá origem a vulcões. Se esses pequenos estímulos da parte de Deus provocam tal devastação, qual será o efeito do seu pleno poder? Por meio do seu poder, Deus faz tudo o que lhe apraz. Ele não é apenas poderoso, ele é "grande em poder" (Jó 37.23). Ele não é apenas forte, mas é "grande em poder" (Jó 9.4).

---

9   J. B. Lightfoot, *St. Paul's Epistles to the Colossians and Philemon* (Peabody, MA: Hendrickson, 1999), 156.

Este Deus "Conta o número das estrelas, chamando-as todas pelo seu nome" (Sl 147.4). Se não me engano, no tempo que eu levo para estalar os dedos, a luz dá sete voltas na terra. Se viajássemos a essa velocidade, se o sol fosse do tamanho de uma ervilha, levaríamos dez bilhões de anos para alcançar os limites do universo. Quanto tempo levaríamos se viajássemos numa velocidade normal? Quanto tempo levaríamos considerando o tamanho exato do sol? Não conseguimos nem fazer o cálculo. Alguns astrônomos calculam que existem mais estrelas no universo do que grãos de areia nas praias deste mundo. Aqui estão duas maravilhas: Deus consegue calcular esse número, e Deus consegue criar essa quantidade de nomes.

É nisso que o salmista busca socorro. Ele se volta para o Único que *pode* socorrer. Ele se volta para Aquele cujo poder não tem limites. E é para isso que precisamos nos voltar nos tempos de tribulação, fortalecendo nossa confiança em Deus lembrando-nos desta inexpugnável verdade: "que ele *fez o céu e a terra*, e aquele que fez isso pode fazer qualquer coisa".[10]

## O sermão do salmista (v. 3-8)

Até este ponto, o salmista usou a primeira pessoa do singular, mas — começando no versículo três — ele muda para a segunda pessoa do singular. Por quê? É possível que ele tenha escrito este salmo para Israel cantar de forma responsiva — talvez o povo cantasse os versículos 1-2 e um sacerdote (ou alguma outra pessoa) cantasse os versículos 3-8.

Mas também é possível que a troca de pessoa indique que o salmista está, agora, falando consigo mesmo. Por que faria ele tal coisa? Em suma, ele está lutando para associar duas verdades em sua mente. A primeira é que *seu* socorro vem de Deus, que fez o céu e a terra. A segunda é que o Deus que fez o céu e a terra é o *seu* protetor. Em outras palavras, ele

---

10  Matthew Henry, *Commentary on the Whole Bible*, org. Leslie F. Church (Grand Rapids: Zondérvan, 1961), 715.

luta para levar a sério a ideia de que o poder que fez o universo é o mesmo poder que o protege. Nos versículos 3-8, ele tenta imprimir em si mesmo esse ponto, aproximando-se dele de três ângulos.

*O Criador do céu e da terra guarda seu*
*povo em todos os lugares (v. 3-4)*

"Ele não permitirá que os teus pés vacilem; não dormitará aquele que te guarda. É certo que não dormita, nem dorme o guarda de Israel."

Quando Elias enfrenta os falsos profetas no monte Carmelo, ele os desafia a clamar a Baal para que envie fogo e consuma o sacrifício deles. Eles chamam e chamam em vão. Elias começa a zombar deles: "Clamai em altas vozes, porque ele é deus; pode ser que esteja meditando, ou atendendo a necessidades, ou de viagem, ou a dormir e despertará" (1Rs 18.27). O que Elias está fazendo aqui? Ele atribui atividades humanas a Baal, com a finalidade de mostrar a completa insensatez daqueles que adoram um deus finito.

Encontramos essa mesma insensatez nos deuses da mitologia grega: Zeus, Poseidom, Atena, Apolo e todos os outros. Quando lemos a respeito desses deuses, logo descobrimos que eram vaidosos, mesquinhos, egoístas, mal-humorados e imprevisíveis. Todas essas características se tornam aparentes à medida que competem uns com os outros para influenciarem o curso da história humana. Não demora muito para descobrirmos que esses supostos deuses não passam de simples seres humanos com poderes sobrenaturais.

O ponto principal do salmista é que Deus não é um ser humano especial. Pelo contrário, ele é o Criador do céu e da terra, significando que é infinito em seu poder. A implicação disso é óbvia: "Ele não permitirá que teus pés vacilem". Quando o terreno é perigoso, o menor escorregão pode ser perigoso; mas Deus cuida do salmista. Ele cuida do seu povo em todos os lugares.

*O Criador do céu e da terra cuida do seu*
*povo em todas as situações (v. 5-6)*

"O Senhor é quem te guarda; o Senhor é a tua sombra à tua direita. De dia não te molestará o sol, nem de noite, a lua."

Quando o salmista usa a palavra "sombra", ele pode estar pensando na sombra projetada por uma árvore ou algum outro objeto, fornecendo alívio num dia quente de verão; ou pode estar pensando em sua própria sombra. Pouco tempo atrás, minha filha menor descobriu sua própria sombra. Ela ficou impressionada com o jeito que a sombra respondia a qualquer movimento seu e a seguia em cada movimento. Não conseguia escapar dela – por mais que tentasse fazê-lo. Parece que esse é o ponto do salmista. Ele está declarando que Deus é como a sua sombra – sempre presente.

Uma vez que Deus está sempre presente, ele protege seu povo: "De dia não te molestará o sol, nem de noite, a lua". Se não tomarmos cuidado com o sol quente do verão, podemos sofrer insolação. Houve tempo em que as pessoas acreditavam que o lunático sofria as influências negativas dos raios da lua. Mas o ponto do salmista não é que Deus o guarda dos maus efeitos do sol e da lua, mas que Deus o guarda dos perigos da noite e do dia. Ele guarda seu povo em todas as situações.

*O Criador do céu e da terra guarda seu*
*povo em todo o tempo (v. 7-8)*

"O Senhor te guardará de todo mal; guardará a tua alma. O Senhor guardará a tua saída e a tua entrada, desde agora e para sempre."

As expressões "a tua saída" e "a tua entrada" são sinônimos de vida e morte. O salmista está dizendo que Deus o guarda durante o curso da sua vida. De que é que Deus o guarda? "De todo mal." Muito bem, como devemos entender isso? Será que Deus realmente guarda seu povo de todo mal? Será que Deus guardou José de todo mal? Ele ficou vários anos na cadeia. Será que Deus guardou Noemi de todo mal? Ela sepultou o marido e os dois filhos. Será que Deus guardou Jônatas de todo mal? Ele morreu numa colina solitária pelo fio da espada de um filisteu. Será que Deus guardou Davi de todo mal? Ele passou vários anos fugindo de Saul. Será que Deus guardou Paulo de todo mal? Ele sofreu naufrágios, prisões e foi açoitado. Em que sentido Deus guarda o salmista de todo mal?

Para responder a isso, precisamos começar reconhecendo que existe algo muito pior do que perder o emprego, a saúde, o dinheiro, a reputação ou qualquer outra coisa desta vida. Essas coisas são exemplos de mal transitório. O que é pior do que essas coisas? O mal supremo: a perda de Deus. O que é a perda de bens transitórios quando comparada com perder a Deus – Aquele em cuja mão direita há "delícias perpetuamente" (Sl 16.11)? O que é a perda dessas coisas quando comparada a uma eternidade na fornalha do inferno – uma agonia que não termina jamais, uma dor que não cessa nunca, um sofrimento que não se acalma, um horror que não diminui, e um tormento que não se vai?

A magnitude de qualquer perda é medida pelo valor daquilo que se perde. Se Deus é incomparável, então perdê-lo também é de valor incomparável. Se ele é infinito, então perdê-lo é de valor infinito. Se ele é incompreensível, então perdê-lo é de valor incompreensível.

O ponto central do salmista é que Deus o guarda do mal supremo: perder a Deus. Deus é o Criador do céu e da terra; seu poder é infinito. Por isso, ele guarda "a ... saída e a ... entrada" do salmista, "desde agora e para sempre". Ele guarda seu povo em todas as ocasiões.

## Conclusão

Deus nos guarda em todos os lugares, em todas as condições, em todas as situações. Como Pedro escreve: "[somos] guardados pelo poder de Deus, mediante a fé, para a salvação preparada para revelar-se no último tempo" (1Pe 1.5). Aqui, Pedro menciona três importantes verdades que se igualam à esperança do salmista. Em primeiro lugar, Deus nos guarda pelo seu poder – ele é nosso guardador. Em segundo lugar, Deus está nos guardando "para a salvação preparada para revelar-se no último tempo". Ele nos protege do mal supremo, garantindo nossa salvação final. Em terceiro lugar, Deus nos guarda "mediante a fé". Seu poder infinito nos guarda para a salvação sustentando nossa fé.

Repetidas vezes, o salmista afirma que Deus é seu guardador (v. 3, 4, 5, 7, 8). Essa repetição parece desnecessária até lembrarmos como pode ser difícil confiar em Deus quando os montes estão nos ameaçando e nos colocando em perigo. Da mesma forma que o salmista, nós lutamos para viver na realidade daquilo que sabemos ser a verdade.

Às vezes, nossa luta se refere a nossos pensamentos. Temos ideias profundamente arraigadas de como achamos que Deus deve agir. Mas os caminhos dele raramente são iguais aos nossos caminhos. O que acontece, então? Implodimos emocionalmente. Pensamos que alguma coisa está errada com Deus, ou algo está errado com nós mesmos. Começamos a duvidar e a desesperar. Nessas horas, precisamos lembrar que a libertação do sofrimento só vem plenamente e de maneira final na glória. *Veja a dica de viagem n.º 3.* Em outras palavras, precisamos lembrar que a vida do cristão sempre *termina* bem, mas nem sempre *transcorre* bem. Em tempos de dificuldade, ergamos os olhos para nosso Deus, lembrando-nos de que ele está no controle. A despeito das circunstâncias que se alteram, seu amor por seu povo não muda jamais, e seu amor é a coisa mais valiosa desta vida.

Às vezes, nossa luta se dá com nossos sentimentos. Quando surgem as dificuldades, nossas emoções muitas vezes assumem o comando, agravando o problema. Vários anos atrás, eu estava voando no assento dianteiro de um pequeno avião nos céus de Angola. Quando passamos no meio de uma nuvem densa e perdemos a visibilidade, voltei-me para o piloto e, meio envergonhado, perguntei: "E agora?". Ele respondeu: "O que você quer dizer com 'E agora'? Eu continuo fazendo o que sempre faço. Coloco minha confiança nos sistemas de controle de voo do avião". A tentação de qualquer piloto no meio de uma nuvem densa é recorrer aos seus sentidos. Se fizer isso, sempre vai acabar encrencado.

Quando estamos na nuvem, quando estamos enfrentando tempos difíceis na vida, decidimos navegar com base nas emoções. O resultado é sempre desastroso. Precisamos confiar no sistema de direção de Deus: seus preceitos e promessas. A fé está fixada em fatos históricos objetivos e em promessas bíblicas objetivas – e não em sensações emocionais subjetivas.

Às vezes, os montes são amedrontadores, e a escuridão nos cerca por todos os lados. Nossos joelhos se dobram sob a pressão, e nossos ombros se curvam sob o peso. Sucumbimos à dúvida. Mas aqui está a chave que sempre destranca as correntes da dúvida e do desespero: "O meu socorro vem do Senhor, que fez o céu e a terra".

# CAPÍTULO 3

# A alegria da comunhão

## Salmo 122

1 *Alegrei-me quando me disseram: Vamos à Casa do* Senhor.
2 *Pararam os nossos pés junto às tuas portas, ó Jerusalém!*
3 *Jerusalém, que estás construída como cidade compacta,*
4 *para onde sobem as tribos, as tribos do* Senhor, *como convém a Israel, para renderem graças ao nome do* Senhor.
5 *Lá estão os tronos de justiça, os tronos da casa de Davi.*
6 *Orai pela paz de Jerusalém! Sejam prósperos os que te amam.*
7 *Reine paz dentro de teus muros e prosperidade nos teus palácios.*
8 *Por amor dos meus irmãos e amigos, eu peço: haja paz em ti!*
9 *Por amor da Casa do* Senhor, *nosso Deus, buscarei o teu bem.*

Kevin DeYoung criou uma palavra interessante, para não dizer apavorante, para descrever a atual tendência que existe na igreja: *decorporação*.[11] Todos nós conhecemos o significado de *decapitação* – cortar fora a cabeça. Bem, *decorporação* dá ênfase ao outro lado da equação – retirar o corpo da cabeça.

DeYoung usa esta palavra para descrever os crentes professos que alegam pertencer à cabeça – Cristo – ao mesmo tem-

---

11  Kevin DeYoung, "Mad-Libbing Church Angst", *The Gospel Coalition* (June 30, 2009), http://thegospelcoalition.org/blogs/kevindeyoung/2009/page/19.

po que rejeitam, ou, no mínimo, negligenciam em alto grau o corpo – a igreja. Essas pessoas alegam ser seguidores de Cristo, mas não veem necessidade de procurar, cultivar ou manter qualquer conexão ou envolvimento em alguma igreja local. Podemos descrever seu nível de comprometimento unicamente como casual. Acredito que você conheça algumas pessoas que se enquadram nessa categoria.

Qual a razão desta crescente tendência? Boa pergunta. Eu tenho uma teoria, da qual você talvez discorde, mas tente acompanhar-me até o fim. Pessoalmente, creio que uma grande parte do problema esteja na crescente superficialidade da nossa sociedade, o que acabou afetando a igreja. Essa falta de profundidade é resultado de vários fatores – não teríamos como citar todos aqui, mas posso pelo menos dar-lhe um exemplo.[12]

Para começar, nossa sociedade é fascinada por tecnologia. Começou com a televisão, floresceu com o computador, desenvolveu-se rapidamente com a internet, e explodiu com a comunicação sem fio. Não me entenda mal – não estou dizendo que haja qualquer coisa errada *per se* com qualquer dessas coisas. Na maioria das vezes, a tecnologia é moralmente neutra; ela pode ser boa ou ruim dependendo de como é usada. O problema é que hoje a maioria das pessoas está conectada 24/7. Em decorrência disso, lentamente estão se desengajando do mundo real e usando a tecnologia de tal forma que estão fisicamente presentes, mas mentalmente ausentes. Pouco tempo atrás, estive num almoço em uma igreja e reparei num casal de idosos sentado a uma mesa com quatro ou cinco jovens que estavam todos com o nariz grudado em algum tipo de aparelho eletrônico. A refeição que faziam juntos não teve nenhuma discussão significativa nem comunicação alguma. (Acho que ouvi um deles pedir que alguém lhe passasse o sal, mas isso não conta como algo significativo.) Gostaria que isso fosse uma coisa rara, mas não é. E não

---

12 Sou grato a Anthony Selvaggio pelas ideias dele sobre este assunto em *Seven Toxic Ideas Polluting Your Mind* (Phillipsburg, NJ: P&R, 2011).

consigo deixar de perguntar quais serão as consequências de longo prazo para essas crianças por causa desse desapego relacional e entre as gerações.

Nossa sociedade também aprecia muito as novidades. A maioria das pessoas aceita, sem nem mesmo questionar, a ideia de que estamos progredindo. A encantadora velocidade da inovação tecnológica nos últimos anos contribuiu em grande parte para essa percepção, porque as pessoas tendem a considerar a *tecnologia* e o *progresso* como sendo a mesma coisa. Isso tem servido para reforçar a convicção de nossa sociedade de que estávamos presos à tradição e à superstição no passado, em uma era vagamente definida como Idade das Trevas, mas agora estamos vendo a luz. Por essa razão, a maioria das pessoas não se vê como administradores do passado. E por que deveriam, quando não pensam que o passado possa oferecer qualquer coisa digna de proteção ou preservação? Seu interesse limita-se ao próximo *upgrade*. Essa tendência resultou numa medida histórica de desconexão.

Nossa sociedade também aprecia a igualdade. "Somos todos iguais." Essa é uma frase sugestiva e com certeza é o mantra de muita gente. Mas o que pretendemos dizer com ela? Se queremos dizer que somos todos iguais em dignidade ou valor à vista de Deus, então esta frase diz a verdade; mas, se queremos dizer que somos todos iguais em dons naturais, habilidades e capacidades, então a frase está errada. Mas o significado mais comum é este último, e isso tem contribuído para uma crescente cultura dos direitos. Algumas pessoas pensam que têm direito àquilo que os outros possuem. Alguns pensam que têm direito a certo salário, posição, ou modo de vida. Ainda outros pensam que têm direito de asseverar a respeito de qualquer assunto que seja – afinal, sua opinião é tão justa e válida e valiosa quanto a de qualquer outra pessoa, sem levar em consideração sua aptidão acadêmica ou capacidade intelectual. Anthony Selvaggio resume esse crescente senso de direitos da seguinte maneira: "Estamos criando uma geração de crianças que tem sido enganada pela mentira de que todos nós merecemos um troféu".[13]

Por último, nossa sociedade é devotada à prosperidade. Muita gente hoje considera o consumismo como se fosse uma virtude moral. Nós conversamos a respeito do índice do consumidor, que mede a confiança do consumidor. Essa paixão cega por comprar e acumular indica um sistema de valores seriamente pervertido. Como Carl Trueman corretamente explica: "O consumismo se baseia na ideia de que a vida pode ser satisfatória ao adquir-se no futuro alguma coisa que a pessoa não tem no presente".[14] Isso significa que nossa sociedade dirigida em função do consumidor é edificada sobre a noção de que a chave para a felicidade se encontra na aquisição do próximo produto – seja lá o que for. O mundo da propaganda existe para nos convencer do seguinte: "As coisas que temos agora não são suficiente para nossa felicidade".[15] A questão da necessidade não entra nunca na equação. O sistema todo se baseia na ambição – e numa noção distorcida de contentamento.

Juntamente com outros fatores, essas forças culturais estão produzindo uma superficialidade cada vez mais ampla. Agora, não devemos esquecer o seguinte: como povo de Deus não deixamos de sofrer estas influências culturais. Seremos extremamente ingênuos se pensarmos de outra forma. Nosso caso de amor com a tecnologia, novidade, igualdade e prosperidade modela, agora, muito do evangelicalismo moderno. Damos maior importância à representação do que à realidade, preferimos as imagens às palavras, gostamos mais da emoção do que da reflexão. Estamos enamorados com a técnica, razão por que a mensagem e a música se tornaram parte de uma apresentação, um pacote, um produto.[16] O alvo principal desse produto é

---

13 Selvaggio, *Seven Toxic Ideas*, 61.

14 Carl Trueman, *The Creedal Imperative* (Wheaton, IL: Crossway, 2012), 27.

15 Trueman, *Creedal Imperative*, 28.

16 Para uma abordagem completa dessa tendência, veja David Wells, *No Place for Truth; or, Whatever Happened to Evangelical Theology?* (Grand Rapids: Eerdmans, 1994), 137–250.

atrair a maior audiência possível. Em decorrência disso, a audiência (atrevo-me a dizer o consumidor) se tornou soberana.

Eu acredito que essa mudança dramática em nossa maneira de pensar é em parte responsável pela atual tendência de *decorporação*. Muitos de nós consideram a igreja como um *produto*. Nosso compromisso para com qualquer produto só se estende até onde o vemos como proveitoso para nós mesmos. Assim, aproximamo-nos da igreja com sistemas mentais preconceituosos, tomando por certo que ela existe em função do nosso bem-estar – para satisfazer nossas necessidades e satisfazer nossas exigências. Quando ela não faz isso, nós simplesmente vamos embora. Se, de alguma forma, quisermos reverter esta tendência, precisamos reavaliar nossa maneira de lidar com as forças culturais mencionadas acima. (Este tópico está muito além do alvo deste capítulo.) De igual importância, precisamos redescobrir a centralidade da igreja no plano eterno de Deus.

E isso nos conduz ao Salmo 122. Aqui, Davi *enlouquece* à vista da cidade de Jerusalém – quase literalmente. O salmo parece uma carta de amor – uma troca íntima de informações entre marido e mulher, como Davi expressa seu sincero amor, estima e desejo por Jerusalém.

## O amor de Davi por Jerusalém (v. 1)

"Alegrei-me quando me disseram: Vamos à Casa do Senhor."

Quando Davi escreveu estas palavras, o templo ainda não existia. Ele só foi construído nos dias de seu filho Salomão. Assim, a que Davi se refere, então, quando fala da "Casa do Senhor"? Ele se refere à tenda que erigiu em Jerusalém para abrigar a Arca da Aliança (1Cr 16.1). Essa tenda era a morada de Deus entre seu povo.

Davi expressa sua alegria à medida que antecipa sua visita a esse lugar. Ela é o objeto do seu desejo – ele se alegra na expectativa de estar ali. Esse também é o objeto do seu contentamento – ele gosta de estar ali. Ele sonha com isso, canta a respeito disso, e (obviamente) faz poesias a esse respeito. Para Davi, Jerusalém é o lugar onde Deus coloca seu nome – o lugar em que ele faz sua morada (Dt 12.5). Naturalmente, ele anela estar onde Deus é glorificado e magnificado.

## A consideração de Davi para com Jerusalém (v. 2-5)

"Pararam os nossos pés junto às tuas portas, ó Jerusalém!"

Podemos ver Davi parado no centro da cidade, contemplando seus muros, torres e fortificações. À medida que absorve tudo isso, ele fica maravilhado. Por quê? O que é que prende a sua atenção? Em primeiro lugar, Jerusalém é o centro *religioso* da nação: "Jerusalém, que estás construída como cidade compacta, para onde sobem as tribos, as tribos do SENHOR, como convém a Israel, para renderem graças ao nome do SENHOR" (v. 3-4). O ponto de Davi é que Deus indicou Jerusalém como o lugar onde os sacerdotes deveriam ministrar e onde o povo se reuniria para adorar. Em segundo lugar, Jerusalém é o centro *político* da nação: "Lá estão os tronos de justiça, os tronos da casa de Davi" (v. 5). Aqui, Davi celebra o fato que Deus indicou Jerusalém como o lugar onde os reis haveriam de reinar e o povo se reuniria para o juízo.

Esses dois ofícios – sacerdote e rei – estão unidos em Jerusalém. Essa é a principal causa do entusiasmo de Davi. Ele não apenas estima a cidade por sua rica história, sua bela arquitetura, seus jardins esplêndidos, ou sua requintada cultura, mas pelo lugar que ela ocupa no plano de Deus. Para expressar isso de forma bem simples: Davi estima Jerusalém pelo fato de Deus estimá-la.

## O anelo de Davi por Jerusalém (v. 6-9)

"Orai pela paz de Jerusalém! Sejam prósperos os que te amam. Reine paz dentro de teus muros e prosperidade nos teus palácios. Por amor dos meus irmãos e amigos, eu peço: haja paz em ti! Por amor da Casa do SENHOR, nosso Deus, buscarei o teu bem."

Davi ora em favor da paz e da segurança de Jerusalém. Isso, sem dúvida, inclui estabilidade política e prosperidade econômica. Mas, antes de tudo, Davi deseja que os habitantes de Jerusalém desfrutem da plena bênção da presença de Deus entre eles – *shalom*. Ele emprega seu tempo, esforço, força, recursos e capacidades para alcançar isto. Por quê? Ele apresenta duas razões: primeiro, ele busca o bem de Jerusalém em consideração para com seus "irmãos e amigos"; segundo, ele busca o bem de Jerusalém em consideração pela "Casa do Senhor". Em outras palavras, sua motivação é o amor pelo povo de Deus e pela glória de Deus. Esses dois fatores inspiram a fervorosa oração e o diligente serviço de Davi.

## Conclusão

É bem verdade que poderíamos gastar muito mais tempo estudando alguns detalhes deste salmo, mas acredito que conseguimos entender o seu significado. A questão, agora, é a seguinte: O que tudo isso tem a ver conosco? Afinal, o zelo de Davi pela "Casa do Senhor" (como fica tão evidente neste salmo) parece totalmente distante da nossa experiência.

Para transpormos as diferenças entre Davi e nós, precisamos reconhecer que o primeiro advento de Cristo assinalou uma mudança dramática no plano da redenção de Deus; acabou-se a era de preparação e chegou a era do cumprimento. *Veja a dica de viagem n.º 2*. Como declaramos na introdução deste livro, o tema do Antigo Testamento é Cristo e seu reino. No início do seu ministério público, Cristo afirmou: "O tempo está cumprido, e o reino de Deus está próximo" (Mc 1.15). Na época dos patriarcas, este reino foi prometido; na época dos juízes, ele foi prefigurado; na época dos reis, ele foi apresentado em pré-estreia; e na época dos profetas, ele foi profetizado. O Antigo Testamento em sua inteireza – como revelação progressiva de Deus – aponta para Cristo e seu reino e faz as preparações necessárias para sua manifestação.

A implicação é que todos os eventos, rituais, tradições e cerimônias do Antigo Testamento formam uma *sombra*, a qual fez preparação para o *corpo*: Cristo (Cl 2.17). A sombra de alguém pode nos dar informações a respeito do seu tamanho e altura e dar algumas indicações a respeito do tamanho do seu cabelo e nariz. Ela pode mesmo mostrar o que a pessoa está vestindo – *shorts* ou calças compridas, sapatos ou botas, etc. Mas é só isso. Se quisermos saber qual é o verdadeiro aspecto dessa pessoa, precisamos ver-lhe a própria face.

Dessa mesma forma, o Antigo Testamento não é mais do que a sombra de Cristo. Essa sombra inclui, entre outras coisas, a tenda terrena, o tabernáculo, e o templo – aquilo que Davi chama de "a Casa do SENHOR". Cristo, por outro lado, é o corpo – "o verdadeiro tabernáculo" (Hb 8.2). Ele não é *verdadeiro* em oposição a alguma coisa que seja *falsa*, mas *verdadeiro* em oposição ao que é *típico, simbólico*. Assim como Deus habitou no tabernáculo terreno (Êx 29.45), ele agora habita no tabernáculo verdadeiro (Cl 2.9). Assim como Deus manifestou sua glória no tabernáculo terreno (Êx 40.34), ele agora manifesta sua glória no tabernáculo verdadeiro (Jo 1.14).

Quando Cristo subiu ao monte, ele foi "transfigurado" diante de Pedro, Tiago e João (Mc 9.2). A palavra grega traduzida aqui como *transfigurado* é a mesma palavra portuguesa *metamorfose* – uma mudança na forma. Nós a usamos quando nos referimos a insetos e anfíbios que começam a vida como larvas e depois se transformam em algo diferente. O exemplo mais claro é a lagarta, que sofre metamorfose, transformando--se, assim, numa borboleta.

No monte, Cristo sofre uma transformação. Ele não é mudado em sua essência nem são mudadas as características do seu corpo. Ele é mudado no sentido que sua glória divina se torna visível. Deus habita em luz inacessível – a resplendente glória da sua santidade (1Tm 6.16). Esta luz brilha através do véu da humanidade de Cristo no momento da sua transfiguração. É por isso que, anos depois, Pedro proclama: "nós mesmos fomos testemunhas oculares da sua majestade" (2Pe 1.16).

Além da luz, uma nuvem brilhante envolve a montanha. É a (habitação da) glória da *Shekinah*. Por ocasião do Êxodo, Deus desceu numa nuvem para guiar os israelitas até Canaã. A nuvem era uma manifestação visível da sua habitação no meio deles. Mais tarde, ele desceu numa nuvem para encher o Santo dos Santos no tabernáculo e no templo, que era, então, um tabernáculo terreno. Outra vez, a nuvem era uma manifestação visível da habitação entre eles. Agora, a nuvem envolve Cristo porque "nele, habita, corporalmente, toda a plenitude da Divindade" (Cl 2.9). Cristo é o corpo – o tabernáculo verdadeiro – e, por isso, o cumprimento da promessa de Deus de habitar entre o seu povo.

Além disso, aqui está uma verdade igualmente maravilhosa: Quando o Espírito Santo nos une a Cristo, tornamo-nos "santuário dedicado ao Senhor... para habitação de Deus no Espírito" (Ef 2.21-22). Ou seja, Deus faz de nós a sua habitação por meio da nossa união com Cristo. Esse sempre foi o seu plano. Existe uma união *eterna*, por meio da qual Deus o Pai estabelece seu amor sobre seu povo antes da fundação do mundo. Existe, também, uma união *histórica*, por meio da qual Deus o Filho se tornou um com o povo de Deus em sua humanidade, cumprindo as exigências da lei por meio da sua vida substitutiva e satisfazendo a penalidade da lei por meio da sua morte substitutiva. E existe uma união *mística*, por meio da qual Deus o Espírito une a Cristo o povo de Deus. Em virtude desta união, tudo o que Cristo comprou para eles é a eles creditado.

Pelo fato de estarmos unidos a Cristo, estamos unidos uns com os outros, ou seja, somos a igreja – o corpo e a noiva de Cristo. Você consegue ver aonde quero chegar com isso? Agora, leia novamente o Salmo 122 com as lentes de Cristo e de sua igreja. Como Davi, podemos contemplar maravilhados a "Casa do Senhor" (v. 1-2). Contemplamos os ofícios de sacerdote e rei juntos em Cristo (v. 3-5). Calvino diz: "Toda a nossa salvação depende destes dois pontos: primeiro, que Cristo nos foi dado para ser nosso sacerdote; e, segundo, que ele foi estabelecido como rei para nos governar".[17] Como Davi, nossa oração em favor da igreja é que ela tenha abundante "paz" – o conhecimento de Deus conosco, por nós e em nós (v. 6-7). Como Davi, somos zelosos pela "Casa do SENHOR", movidos por nosso amor pelo povo de Deus e pelo prazer na glória de Deus (v. 8-9).

Esta igreja se encontra no centro do plano eterno de Deus. O Pai colocou seu amor sobre ela e a predestinou para a glória. O Filho assumiu forma humana por causa dela; ele suportou aflição e rejeição por ela; ele chorou, sangrou, suplicou e morreu em favor dela; ele a comprou com seu próprio sangue. Como o expressa de forma tão eloquente o hino de Samuel Stone:

> O único fundamento da igreja é Jesus Cristo, seu Senhor;
> Ela é sua nova criação, pelo Espírito e pela Palavra:
> Do céu ele veio e a procurou para ser sua santa noiva,
> Com seu próprio sangue ele a comprou, e pela vida dela
> ele morreu.[18]

Quando vemos a igreja deste ponto de vista, logo percebemos que é impossível separar a cabeça do corpo, a *decorporação*. Estar unido com Cristo é estar unido com a igreja. Estar em comunhão com Cristo é estar em comunhão com a igreja. Estar comprometido com Cristo é estar comprometido com a igreja. Respeitar a Cristo é respeitar a igreja. Amar a Cristo é amar a igreja. A igreja não é um *produto*. Ela não existe para satisfazer nossos caprichos. Ela existe para a glória do Deus Trino.

Em momento nenhum, alego que a igreja seja perfeita – eu sei que ela se encontra infestada de um excesso de problemas. Se você já gastou pelo menos um pouco de tempo em alguma igreja local, você sabe isso em primeira mão. Essa realidade

---

17  Calvino, *Commentary on the Book of Psalms*, 6:5.74.
18  Samuel Stone, "The Church's One Foundation", 1866.

pode ser desanimadora e intimidante. Quando Dorothy e seus amigos finalmente chegam à Cidade das Esmeraldas, em *O Mágico de Oz*, o mágico mostra-se como uma cabeça gigantesca feita de fogo e fumaça. Sua voz ressoa em seus ouvidos. Mas Totó (o cachorro de Dorothy) afasta uma cortina para mostrar um velhinho de aparência desprezível, falando num microfone. Ele está movendo alavancas e pressionando botões, que produzem a imponente "imagem" do mágico. Ele vê Dorothy e os outros olhando para ele, e rapidamente fala no microfone: "Não prestem atenção no homem por trás da cortina!" Mas é tarde demais. O encanto foi quebrado. Muitas vezes, é isso o que acontece na igreja. Nós temos certas expectativas a respeito da maneira como as coisas deveriam ser na igreja. De repente, abre-se a cortina, e vemos o que de fato está ali. A tentação que nos ocorre é tornarmo-nos cínicos. Mas precisamos lembrar que esse ajuntamento imperfeito de pecadores justificados é uma expressão local do corpo de Cristo, "a arena do amor cristão".[19]

Será que percebemos o que estamos fazendo quando negligenciamos a igreja? Temo que muitos de nós não consigam ver isso. Em suma, é isto: a maneira como tratamos a igreja é a maneira que tratamos a Cristo. Será que me atrevo a dizer? Atrevo-me, sim. Aquilo que pensamos a respeito da igreja é, na verdade, o que pensamos a respeito de Cristo. Os dois são inseparáveis: a cabeça e o corpo. Cristo ama a sua noiva. Ele casou com a igreja, tornando-se uma só carne com ela. Agora, ele a alimenta e a purifica; ele derrama dons maravilhosos e bênçãos sobre ela; ele a guia e protege; e ele anela pelo dia em que vai apresentá-la em esplendor – imaculada diante dele.

À medida que viajamos para casa, precisamos entender o lugar da igreja no plano eterno de Deus, e precisamos empenhar-nos em amá-la, respeitá-la e estar com ela.

---

19  Jeremy Walker, *Life in Christ: Becoming and Being a Disciple of the Lord Jesus Christ* (Grand Rapids: Reformation Heritage Books, 2013), 107.

# Lidando com a oposição

## Salmo 123

*1 A ti, que habitas nos céus, elevo os olhos!*
*2 Como os olhos dos servos estão fitos nas mãos*
*dos seus senhores, e os olhos da serva, na mão de*
*sua senhora, assim os nossos olhos estão fitos no*
*Senhor, nosso Deus, até que se compadeça de nós.*
*3 Tem misericórdia de nós, Senhor, tem misericórdia;*
*pois estamos sobremodo fartos de desprezo.*
*4 A nossa alma está saturada do escárnio dos que*
*estão à sua vontade e do desprezo dos soberbos.*

Cristo afirma: "Não pode o mundo odiar-vos, mas a mim me odeia, porque eu dou testemunho a seu respeito de que as suas obras são más" (Jo 7.7). O que é o mundo? O mundo é uma determinada maneira de *pensar* e *proceder*. "Mundanismo", explica David Wells, "é o sistema de valores e crenças, procedimento e expectativas, em qualquer cultura, que tem como centro o ser humano decaído, e que relega para a periferia qualquer pensamento a respeito de Deus".[20]

Esta definição é bem clara. O ponto de Cristo é que este "sistema de valores e crenças" é contrário a ele. Essa animosidade é de longa data, remete-nos à Queda, quando Deus prometeu estabelecer inimizade entre a semente da serpente e a semente

---

20  David Wells, *God in the Wasteland: The Reality of Truth in a World of Fading Dreams* (Grand Rapids: Eerdmans, 1994), 29.

da mulher (Gn 3.15). A semente da serpente é a humanidade decaída (isto é, o mundo), ao passo que a semente da mulher é Cristo e todos aqueles que estão unidos com ele. Desde a Queda, tem havido inimizade entre essas duas sementes porque – em resumo – elas são totalmente opostas entre si.

Será que já existiu alguém que tenha sofrido inimizade como Cristo sofreu? Em certa ocasião, ele afirmou: "Odiaram-me sem motivo" (Jo 15.25). Aqui está uma verdade extraordinária (e muitas vezes desconsiderada): ele continua recebendo oposição por meio do seu corpo espiritual – a igreja. Devido à nossa identificação com Cristo, muitas vezes nos tornamos o objeto do ódio do mundo. Richard Baxter afirma: "Se, por amor a Cristo e à justiça, nós somos considerados como o desprezo e o lixo de todas as coisas... e dizem falsamente de nós todo tipo de mal, não devemos considerar isso como algo estranho ou inesperado... mas devemos suportá-lo com paciência, e nos regozijar imensamente na esperança de nossa recompensa no céu".[21] Paulo diz: "temos chegado a ser considerados lixo do mundo, escória de todos" (1Co 4.13). Escória? Lixo? Sério? Isso parece meio exagerado enquanto não percebemos essa extrema repugnância escondida no âmago do desprezo.

Você já passou por alguma experiência como essa? Alguma vez já foi objeto de escárnio – desdém mudo, hostilidade aberta, oposição cruel, zombaria ferina, crítica mordaz? O que acontece com você em sala de aula? Talvez algum dos seus professores pense que é temporada de caça à fé cristã, culpando-a de todo mal possível debaixo do sol. E no local de trabalho? Talvez alguns dos seus colegas tenham lá suas desconfianças a respeito do cristianismo. Eles deixam você de lado em suas conversas; seus interesses e atitudes são antiéticas, contrárias à fé que você tanto preza. E dentro de casa? Seu marido, sua esposa, seu irmão ou sua irmã são fontes de oposição? Eles zombam de você pelo seu desejo de seguir a Cristo. Eles zombam do seu

---

21  Richard Baxter, *A Christian Directory*, em *The Practical Works of Richard Baxter*, 4 vols. (1673; reimpr., Morgan: Soli Deo Gloria, 2000), 1:184.

desejo de falar de Cristo. Você alguma vez já foi objeto desse tipo de zombaria?

Não quero parecer alarmista, mas creio que os cristãos do ocidente estão a ponto de entrar numa época quando nossa sociedade de forma geral vai nos tratar com desprezo. Gradualmente, nossa posição em qualquer assunto referente à ética está sendo rotulado como ódio: falar contra o pecado é ódio; desafiar aqueles que permanecem obstinadamente no pecado é chamado de ódio; apoiar a vida é *odiar* as mulheres; e apoiar o casamento é *odiar* os homossexuais. O problema que cerca a homossexualidade é especialmente perturbador porque o debate se enquadra cada vez mais em categorias como tolerância versus intolerância, esclarecimento versus ignorância, e – é claro – amor versus ódio. Como lidamos com aqueles que nos classificam dessa forma? Como reagimos quando somos cada vez mais marginalizados na esfera pública? Como lidamos com esse tipo de oposição?

Em busca de resposta, voltamo-nos para o Salmo 123. Este pequeno salmo é formado de duas seções: versículos 1-3a e versículos 3b-4. A palavra *pois*, no meio do versículo 3, assinala a transição entre as duas seções. Na primeira, o salmista ora; na segunda, ele explica a razão por que ora. Vou fazer algo um pouco diferente; vou começar minha análise deste salmo considerando primeiro a segunda seção. Por quê? É que vai ser mais fácil entender o que o salmista está orando se primeiro entendermos a razão por que ele está orando. Entendeu?

## A razão por que o salmista ora (v. 3b-4)

"... pois estamos sobremodo fartos de desprezo. A nossa alma está saturada do escárnio dos que estão à sua vontade e do desprezo dos soberbos."

Estes versículos mostram três detalhes importantes. Primeiro, o salmista fala na primeira pessoa do plural: "[nós] estamos... nossa alma está..." Fica bem claro que ele está falando em nome de um grupo de pessoas. Segundo, o salmista considera a causa do sofrimento deles o "desprezo" e o "escárnio". O que faz com que esse tipo de ataque seja tão incômodo? Se você já foi alvo disso, já deve saber a resposta – é algo injusto, não merecido e irracional. Terceiro, o salmista diz que eles estão "sobremodo fartos". Na verdade, ele diz isso duas vezes. A palavra hebraica significa, literalmente, estar saturado. Por isso, o ponto do salmista é que eles tinham suportado tudo o que era possível aguentar.

A Escritura narra várias ocasiões em que houve esse tipo de oposição. Acho que um exemplo especialmente esclarecedor é o que o remanescente experimentou quando retornaram a Jerusalém depois de vários anos de cativeiro na Babilônia. A propósito, alguns estudiosos acreditam que este salmo foi escrito durante esse período. O Museu Britânico em Londres possui um objeto conhecido como Cilindro de Ciro, que fornece um relato de quando Ciro conquistou a Babilônia em 539 a.C.[22] Curiosamente, ele também explica como Ciro, o rei da Pérsia, devolveu aos seus templos originais as imagens dos deuses capturados pela Babilônia, e como eles organizaram o retorno de grupos de pessoas desterradas de sua terra natal. Entre essa gente desterrada estavam os judeus que Nabucodonosor havia deportado para a Babilônia depois de destruir Jerusalém em 586 a.C.

De acordo com o Livro de Esdras, Deus despertou o espírito de Ciro para baixar um decreto permitindo que os judeus retornassem a Jerusalém para reconstruírem o templo (Ed 1.1). Este retorno foi o cumprimento da promessa de Deus de que ele restauraria à sua terra um remanescente do seu povo depois de permanecerem 70 anos exilados na Babilônia (Jr 25.11-12). Ao retornar a Jerusalém, o remanescente imediatamente teve

---

22 Philip Kennicott, "Sackler Displaying Cyrus Cylinder, an Artifact with Long History and Many Meanings", *Washington Post* (March 7, 2013), http:// www.washingtonpost.com/entertainment/museums/sackler-displaying-cyrus- -cylinder-an-artifact-with-long-history-and-many-meanings/2013/03/07/ e6312362-8765-11e2-9d71-f0feafdd1394_story.html.

de enfrentar "adversários" que se aproximaram deles em termos aparentemente pacíficos, oferecendo-lhes ajuda para seu projeto de reconstrução (Ed 4.1-2). Mas o remanescente respondeu enfaticamente: "Nada tendes conosco na edificação da casa a nosso Deus; nós mesmos, sozinhos, a edificaremos ao Senhor, Deus de Israel" (Ed 4.3). Em vez de bater em retirada, seus adversários tentaram uma estratégia diferente, subornando conselheiros que chegassem diante do rei numa tentativa de persuadi-lo a suspender a obra do templo. Basicamente, esses conselheiros eram "lobistas" que espalharam informações incorretas – falsos relatórios e acusações. Em decorrência do que fizeram, o remanescente precisou interromper a reconstrução do templo por determinado período.

Por que essa gente se opunha tanto ao remanescente dos judeus que estava tentando reconstruir o templo? Com certeza, eles tinham motivações políticas com a intenção de exercer controle sobre aquela região. Mas, havia, também, motivações religiosas, visto que essa gente descendia dos estrangeiros que o rei da Assíria havia transferido para aquela região mais de um século atrás. Quando seus ancestrais chegaram àquela terra, no início, Deus enviou leões para perturbá-los porque eram abertamente idólatras. Na tentativa de sobreviver naquele lugar hostil, o povo pediu ao rei que enviasse sacerdotes israelitas que lhes ensinassem os costumes do "deus" daquela terra. Como resultado, "temiam o Senhor e, ao mesmo tempo, serviam aos seus próprios deuses, segundo o costume das nações dentre as quais tinham sido transportados" (2Rs 17.33). Em outras palavras, eles misturaram a adoração a Deus com a adoração aos deuses falsos. Isso é conhecido como sincretismo – misturar várias crenças e práticas religiosas. Essa falsa religião encontrava-se por trás da hostilidade declarada que eles mostraram contra o remanescente dos judeus que retornaram da Babilônia.

Sempre que as pessoas se deparam com a verdadeira adoração a Deus, elas respondem ou negativa ou positivamente. A neutralidade é rara. Quando a resposta é negativa, o povo de

Deus que de fato o adora pode esperar oposição. Cristo afirma: "Bem-aventurados os perseguidos por causa da justiça, porque deles é o reino dos céus" (Mt 5.10). Você está lembrado do contexto imediato desta declaração? As bem-aventuranças. Então, o que é que Cristo está dizendo? Ele nos está dizendo que o mundo admira os autoconfiantes, e não os pobres de espírito; ele admira aqueles que são joviais, não os pesarosos; ele admira os orgulhosos, não os mansos; admira os que não têm pudor, não os justos; admira os vingativos, não os misericordiosos; admira os autoindulgentes, não os puros de coração; e admira o agressor, não o pacificador. Em suma, o mundo despreza a Cristo e, por essa razão, despreza todos aqueles que estão unidos com ele.

Não façamos de conta que não é assim – a verdade é que esse tipo de oposição nos exaure as forças. Às vezes, em nossa viagem para casa, encontramo-nos em circunstâncias similares àquelas do salmista, e, consequentemente, gritamos: "Nós estamos fartos!" Sentimos que chegamos ao ponto de saturação. O desprezo é grande demais para ser suportado, e o escárnio é doloroso demais para aguentar. O que devemos fazer, então, quando achamos que não temos como prosseguir? Precisamos fazer aquilo que o salmista faz: orar.

## O conteúdo da oração do salmista (v. 1-3a)

Depois de termos considerado a razão por que o salmista está orando, estamos agora em posição mais apropriada para entender o que ele está orando, coisa que pretendemos fazer respondendo três perguntas. Para onde ele olha? A maneira como ele olha? Por que ele olha?

*Para onde ele olha (v. 1)*

"A ti, que habitas nos céus, elevo os olhos!"

Curiosamente, o salmista fala aqui na primeira pessoa do singular. Nos versículos 3b-4, ele se identifica com um problema que importuna o povo de Deus como um todo, mas ele sabe que a resposta desse problema encontra-se numa aplicação e numa apropriação *pessoal* da verdade. Ele não podia olhar em nome do grupo, e este não podia fazê-lo em nome do salmista. Cada um precisa buscar a Deus de forma individual.

Talvez você já tenha percebido que casais mais idosos às vezes trocam olhares que conseguem transferir informação suficiente para encher um pequeno livro. Com isso, quero dizer que eles conhecem o que o outro está pensando sem trocar palavras porque leem os olhos um do outro. Essa é a ideia neste versículo. Quando atribulados, erguemos os olhos para Deus com a confiança de que ele está intimamente familiarizado com cada olhar nosso, cada piscada, franzir de sobrancelhas, lágrima e ruga. Nossos olhos dizem muito, e não lhe passa nada despercebido. Charles Spurgeon diz: "Em oração, não precisamos falar nada, pois um relance de olhos diz tudo".[23]

Conforme o salmista eleva seus olhos, ele se concentra numa verdade singular: Deus está "entronizado nos céus". Em que sentido Deus está no céu? Será que o fato de ele estar entronizado nos céus significa que não está presente em todo lugar? Não. Como explica Thomas Watson: "Dizemos que Deus está no céu, não porque ele esteja tão encerrado ali como se não estivesse em nenhum outro lugar; pois nem mesmo 'o céu dos céus' pode contê-lo (1Rs 8.27). Mas o significado é que ele reside principalmente naquilo que o apóstolo chama de 'terceiro céu', onde ele mais revela sua glória aos santos e aos anjos (2Co 12.2)".[24]

Agora, por que razão o salmista enfatiza o trono de Deus no céu? De acordo com João Calvino, o salmista está ressaltando o fato que – quando ocorre muita oposição – precisamos lembrar que o poder de Deus perdura no céu com "infinita

---

23 Charles Spurgeon, "The Treasury of David: Psalm 123", *The Spurgeon Archive*, http://www.spurgeon.org/treasury/ps123.htm.

24 Thomas Watson, *The Lord's Prayer* (1692; reimpr., Edimburgo: Banner of Truth, 1999), 31.

perfeição".[25] Em outras palavras, precisamos nos concentrar na realidade que o governo soberano de Deus sobre todas as coisas é livre, não se enfraquece e não pode ser contestado. *Veja a dica de viagem n.º 4*. Isso significa que não estamos nunca nas mãos de forças cegas; pelo contrário, tudo o que nos acontece é divinamente planejado e orquestrado, incluindo, nas palavras de George Swinnock: "todas as coisas, não apenas aquilo que nos consola, mas também nossas cruzes; não apenas o amor de Deus, mas também *o ódio do mundo*, e a malícia do inferno".[26] Por isso, quando somos objeto do escárnio e do desprezo, olhamos para Deus, que está entronizado nos céus, governando todas as coisas.

## A maneira como ele olha (v. 2)

"Como os olhos dos servos estão fitos nas mãos dos seus senhores, e os olhos da serva, na mão de sua senhora, assim os nossos olhos estão fitos no SENHOR, nosso Deus, até que se compadeça de nós."

Neste versículo, o salmista usa uma comovente analogia. Ele diz que olha para Deus como um humilde servo olha para seu mestre ou como uma humilde serva olha para sua senhora. Isso é algo difícil para nós entendermos, porque não vivemos mais num mundo de senhores e servos. Temos alguma noção do que significa esse tipo de relacionamento por meio da leitura ou de filmes, mas não temos experiência pessoal com o assunto. O salmista está descrevendo um relacionamento em que uma pessoa obedece às ordens de outra – um relacionamento em que uma pessoa se volta para outra em busca de apoio, direção e proteção.

Se um servo se depara com oposição no cumprimento do seu dever, o que ele faz? Ele não tem escolha senão apresentar o assunto ao seu senhor. Ele volta-se para seu senhor para que este

---

25 Calvino, *Commentary on the Book of Psalms*, 6:5.80.

26 George Swinnock, *The Works of George Swinnock*, 5 vols. (1868; reimpr., Edimburgo: Banner of Truth, 1992), 2:122. Itálicos meus.

lide com a situação da forma que melhor lhe aprouver. Qual seria a situação de um servo na época do salmista? Ele não tinha direitos. Não tinha meios de se defender. Não havia processos de apelação. Os servos eram vítimas de todo tipo de abuso, e o seu único recurso era buscar a proteção dos seus senhores. Essa é a figura verbal deste versículo. O salmista está olhando para Deus como um servo desamparado olha para seu senhor.

*O foco do seu olhar (v. 3)*

"Tem misericórdia de nós, Senhor, tem misericórdia..."

É isso que o salmista espera enquanto olha: que Deus tenha misericórdia e o socorra em seu apuro. De forma semelhante, quando sofremos oposição, podemos estar certos de que Deus terá misericórdia de nós. Agora, essa misericórdia pode vir em uma das seguintes formas: Ou Deus vai nos remover da tribulação ou ele vai nos amparar no meio da tribulação. É absolutamente crucial entender esse ponto: Deus nem sempre nos tira de uma situação ruim, mas ele sempre nos sustenta. Como? Por meio da sua Palavra, ele reaviva nosso senso do seu amor peculiar.

Ele é o Rei dos reis, o Senhor dos senhores, o bendito e glorioso Soberano (1Tm 6.15). Ele é o Alto e Sublime que habita a eternidade – para quem milhões de anos não passam de um momento. Seu *Ser* é ilimitado, ele é onipotente, insondável em sua sabedoria, e inimaginável em sua bondade. Diante dele, os anjos (as mais elevadas criaturas) escondem o rosto. Toda a criação é menos do que nada em comparação com ele. Maravilha das maravilhas: Cristo morreu para nos conduzir a este Deus. Conhecer a Cristo é a diferença entre tudo e nada; festa e fome; plenitude e vazio; um oásis refrescante e um deserto escaldante; céu e inferno; uma eternidade de alegria e uma eternidade de sofrimento. Deus tem misericórdia de nós, fortalecendo-nos no meio da tribulação avivando nossa fé no fogo do seu amor em Cristo.

## Conclusão

É extremamente importante começarmos a pensar desta forma quando nos deparamos com a oposição, porque isso nos guarda de um dos maiores perigos de nosso bem-estar espiritual – a amargura. Quando sofremos injustamente, imerecidamente e de modo irracional, tendemos a nos irar, a nos ressentir, e a desejar vingança. Esse espírito de amargura é uma fonte de grande perigo espiritual porque permeia e mutila a alma.

A amargura funciona de forma bem parecida com o mercúrio. O mercúrio metálico evapora quando exposto ao ar, e mesmo umas poucas gotas podem provocar contaminação. Quando um ser humano respira o ar contaminado, o mercúrio danifica a visão e a fala; descontrola o equilíbrio e a coordenação; prejudica o coração, os pulmões e os rins; e ataca o sistema imunológico. Em janeiro de 2004, um aluno levou uma quarta parte de um copo de mercúrio para uma escola fundamental em Gardenville, Nevada. Isso contaminou os ônibus e as salas e as roupas de mais de 50 crianças e fez com que o Estado gastasse aproximadamente 100 mil dólares para descontaminar a escola.[27]

É isso que a amargura provoca. Ela contamina tudo – ela deturpa, danifica, enfraquece, exaure e atormenta. Quando somos vítimas de desdém e desprezo, a amargura se mostra um grande perigo. Mas, quando olhamos para Deus, podemos ver que essa oposição, no final das contas, não é contra nós, mas contra ele. Como servos, olhamos para nosso Senhor, confiando em sua providência, esperando em sua bondade, e descansando em sua justiça. Erguemos os olhos de forma reverente, obediente, com expectativa, submissos, continuamente, com confiança e com paciência. "... assim os nossos olhos estão fitos no Senhor, nosso Deus, até que se compadeça de nós". Deus tem sua hora e seu tempo, e nós o aguardamos enquanto olha-

---

27 Jessica Knoblauch, "Dangerous Mercury Spills Still Trouble Schoolchildren", *Scientific American* (May 5, 2009), http://www.scientificamerican.com/article/mercury-spills-trouble-schoolchildren.

mos para Aquele que está entronizado nos céus – "um lugar de perspectiva e um lugar de poder".[28]

---

28  Henry, *Commentary on the Whole Bible*, 716.

# CAPÍTULO 5

# Cara a cara com o perigo

## Salmo 124

1 *Não fosse o SENHOR, que esteve ao*
*nosso lado, Israel que o diga;*
2 *não fosse o SENHOR, que esteve ao nosso lado,*
*quando os homens se levantaram contra nós,*
3 *e nos teriam engolido vivos, quando a*
*sua ira se acendeu contra nós;*
4 *as águas nos teriam submergido, e sobre a*
*nossa alma teria passado a torrente;*
5 *águas impetuosas teriam passado sobre a nossa alma.*
6 *Bendito o SENHOR, que não nos*
*deu por presa aos dentes deles.*
7 *Salvou-se a nossa alma, como um pássaro do laço dos*
*passarinheiros; quebrou-se o laço, e nós nos vimos livres.*
8 *O nosso socorro está em o nome do*
*SENHOR, criador do céu e da terra.*

Você alguma vez já deixou de perceber algo espalhafatosamente óbvio?

Certa vez, Sherlock Holmes e o Dr. Watson estavam acampando numa barraca. No meio da noite, Holmes acorda Watson e aponta para as estrelas. Watson pestaneja os olhos espantando o sono enquanto Holmes lhe pergunta quais são suas deduções.

Watson diz: "Bem, pelo lado da astronomia, minha dedução é que existem milhões de galáxias e potencialmente bilhões de planetas. Pelo lado da astrologia, minha dedução é que Saturno pertence a Leão. Pelo lado da meteorologia, minha dedução é que amanhã teremos um belo dia. E quanto a você, Holmes, quais são suas deduções?"

Holmes diz bem lentamente: "Watson, minha dedução é que alguém roubou nossa barraca".[29]

Alguns de nós podem identificar-se com Watson — às vezes, até bem demais, especialmente quando o assunto é aprender do passado. Apesar de haver lições óbvias para aprender de cada época da história, muitas vezes não as percebemos porque a maioria de nós tem uma aversão natural desse assunto. Isso é verdade mesmo em círculos cristãos onde possuir um senso da história — especialmente nossa história bíblica e de nossa família eclesiástica — é uma das nossas mais prementes necessidades. Por quê? Porque lembrar o passado é essencial para viver bem no presente.

É provável que os israelitas cantavam o Salmo 124 em sua viagem a Jerusalém para celebrar uma das suas festas anuais comemorando um evento específico da história do seu povo — um evento que reforçava sua visão de mundo, forjava sua perspectiva e moldava sua identidade. Nós precisamos desse tipo de valorização da nossa própria história.

Assim, como é que vamos abordar este salmo? Vamos concentrar-nos nas três vezes que Davi se refere ao "Senhor" (v. 1, 6, 8).

## O tamanho do perigo (v. 1-5)

"Não fosse o Senhor, que esteve ao nosso lado..."

Uma das minhas mais preciosas lembranças de infância

---

29  Josh Moody, *Journey to Joy: The Psalms of Ascent* (Wheaton, IL: Crossway, 2012), 82.

é jogar hóquei de rua – uma grande tradição canadense. Todo dia depois da escola, não importava como estava o tempo, uma dúzia de meninos se juntava para jogar na rua pouco movimentada em frente de casa. Esses jogos iam até escurecer – ou até que as mães chamassem para o jantar. Os jogos eram repletos de bastões, coletes coloridos, temperaturas baixíssimas, toucas e luvas suadas, roupas de goleiro desgastadas pelos esfregões na rua, joelhos ensanguentados, cotovelos machucados, e – é claro – sonhos de meninos desejando jogar na Liga Nacional de Hóquei. Um dos meninos que sempre estava ali tinha um irmão mais velho, Jeff, que sempre voltava da escola mais tarde do que o restante de nós, e quando ele chegava sempre entrava no time que estava perdendo. Não importava qual fosse o placar quando ele chegava; com Jeff do lado deles, o time que antes estava perdendo sempre conseguia se recuperar de maneira fora do comum. Por quê? Jeff era bem maior do que todos nós, e ele conseguia marcar pontos de onde quer que estivesse na rua. Seu *slap shot*[30] era alvo da cobiça de todo garoto na redondeza. Inevitavelmente, o time de Jeff ganhava sempre.

Se ampliarmos esse cenário um bilhão de vezes, começaremos a chegar perto daquilo que Davi celebra neste salmo. Duas vezes, ele afirma que Deus estava do seu lado (v. 1-2), de forma que a libertação deles não estava em questão porque a onipotência estava operando em seu favor. Ele torna claro seu raciocínio incentivando o povo a imaginar como teria sido se Deus *não* tivesse estado ao lado deles quando seus inimigos se levantaram contra eles (v. 2) e apresenta duas figuras verbais para descrever o que teria acontecido. Em primeiro lugar, "... nos teriam engolido vivos, quando a sua ira se acendeu contra nós" (v. 3). Aqui, Davi compara seus inimigos a um terremoto – o chão treme, se fende e abre, engolindo tudo o que está por perto. Em segundo lugar, "... as águas nos teriam submergido, e sobre a nossa alma

---

30 *Slap shot*: tipo de tacada em que o jogador levanta o bastão para trás e o movimenta rapidamente de volta para a frente, projetando o disco, geralmente sem mantê-lo em contato com o chão. – N. do T.

teria passado a torrente; águas impetuosas teriam passado sobre a nossa alma" (v. 4-5). Aqui, Davi compara seus inimigos a uma inundação – o rio se avoluma, irrompe por cima das margens e arrasta tudo o que está em seu caminho.

As duas figuras verbais transmitem uma impressão de desolação absoluta. Elas descrevem algo súbito, violento, devastador, incontrolável, inescapável, poderoso e aterrador. Davi almeja que o povo entenda claramente seu ponto: se Deus não tivesse estado do lado deles, seus inimigos os teriam destruído completamente.

### O tamanho da libertação (v. 6-7)

"Bendito o Senhor, que não nos deu por presa aos dentes deles. Salvou-se a nossa alma, como um pássaro do laço dos passarinheiros; quebrou-se o laço, e nós nos vimos livres."

Davi atribui a libertação deles à intervenção divina e novamente cria duas figuras verbais para mostrar isso. Primeiro, ele fala de um cordeiro escapando da boca de um leão (v. 6). De vez em quando, assisto a programas sobre a natureza na televisão, e gosto especialmente de assistir qualquer coisa sobre leões e leopardos. Fico fascinado quando começa a caçada: a leoa agarrando sua presa, mordendo-lhe o pescoço para estrangulá-la. Ela fica ali, ofegante, com o animal indefeso suspenso em sua boca, aguardando paciente e confiantemente – até sua presa dar seu último suspiro, para o grupo todo começar a alimentar-se. Os cordeiros não escapam da boca de um leão.

Segundo, Davi fala de um pássaro escapando do laço de um passarinheiro (v. 7). Essa figura verbal talvez nos seja um tanto estranha, mas ele está descrevendo um pássaro apanhado numa rede. Permita-me tentar atualizar a imagem pelo menos um pouco. Há três homens bem camuflados num bosque. Uma pomba voa bem na direção deles. Ela está a uns seis metros e vai se aproximando deles. Há três espingardas calibre 12 apontadas para a pomba. Em suma, para ela, acabou; a pomba não tem mais saída.

Ambas as figuras transmitem um senso de devastador desamparo. O cordeiro não consegue livrar-se das mandíbulas da leoa. O pássaro não consegue libertar-se da rede do passarinheiro. Dessa mesma forma, Davi e seu povo estão numa posição de grande perigo e completo desamparo. Mas, o que acontece? Deus intervém de forma miraculosa.

Agora, qual é a ocasião que Davi tem em mente quando escreve este salmo? Não temos nenhuma ideia, porque ele não achou necessário dizê-lo. Talvez ele esteja pensando na época quando Golias zombou do exército de Israel (1Sm 17). Golias – um homem enorme – desafiou os israelitas a que enviassem um guerreiro para lutar contra ele, mas eles "espantaram-se e temeram muito" (v. 11). Os israelitas reconheceram o perigo e sabiam que estavam derrotados. Mas, quando Davi surge em cena, ele rapidamente se voluntaria para o combate contra o gigante. Você consegue lembrar como foi que Golias se gabou quando viu Davi? Ele disse: "Vem a mim, e darei a tua carne às aves do céu e às bestas-feras do campo" (v. 44). Davi responde simplesmente: "... eu... vou contra ti em nome do SENHOR dos Exércitos, o Deus dos exércitos de Israel, a quem tens afrontado. Hoje mesmo, o SENHOR te entregará nas minhas mãos..." (v. 45-46). E assim o SENHOR o fez.

Ou, então, Davi está pensando em um quase desastre pelo qual passou nos anos em que Saul o estava caçando (1Sm 23). Certa vez, quando Davi e seus homens se escondiam no deserto de Maom, eles estavam em um dos lados de um monte, ao passo que Saul e seu exército estavam do outro lado. Todos sabiam que era apenas uma questão de tempo antes que Saul alcançasse a Davi. Ele estava, literalmente, aproximando-se para a matança; a situação era desesperadora. Subitamente, um mensageiro chegou ao acampamento de Saul: "Apressa-te e vem, porque os filisteus invadiram a terra" (v. 27). Saul desistiu da perseguição. Em reconhecimento à miraculosa intervenção de Deus, Davi chamou aquele lugar de "Pedra de Escape" (v. 28).

Ou talvez Davi esteja pensando na ocasião quando seu filho Absalão decidiu que era hora de dar um golpe e investiu contra Jerusalém (2Sm 15). Davi teve de sair pela porta dos fundos. A situação era desoladora, e parecia que era certa a ruína de Davi. Aitofel aconselhou Absalão a perseguir seu pai sem nenhuma hesitação, recomendando um ataque imediato antes que Davi tivesse tempo de reunir seus partidários e organizar um contra-ataque (2Sm 17). Mas Husai, que trabalhava secretamente para Davi, contestou o conselho de Aitofel, recomendando a Absalão que aguardasse até solidificar sua própria posição. A demora mostrou-se desastrosa: "... ordenara o Senhor que fosse dissipado o bom conselho de Aitofel, para que o mal sobreviesse contra Absalão" (v. 14).

Em cada uma dessas ocorrências, Davi e seu povo estavam à beira de incontestável destruição. A terra estava a ponto de engoli-los, e a água estava a ponto de arrastá-los. Eles estavam como um cordeiro pendurado na boca de um leão, e um pássaro debilitado no laço de um passarinheiro. Quando estavam diante de um grande perigo, provaram uma grande libertação. Por quê? Porque pertenciam a um grande Deus.

## A grandeza do Deus de Israel (v. 8)

"O nosso socorro está em o nome do Senhor, criador do céu e da terra."

Neste versículo, Davi celebra a obra da criação de Deus. Essas palavras lhe parecem conhecidas? Deveriam ser, visto que as ouvimos no Salmo 121.2: "O meu socorro vem do Senhor, que fez o céu e a terra". Por que esta verdade parece tão atraente para Davi? Eu acho que é porque ela se refere ao fato de Deus ser Todo-Poderoso. Stephen Charnock descreve o poder de Deus como "a habilidade e força por meio da qual ele pode fazer qualquer coisa que desejar, tudo o que sua sabedoria infinita pode orientar, e qualquer coisa que a infinita pureza da sua vontade pode resolver".[31] A onipotência de Deus é evidente na imensidão da criação, na sua complexidade, diversidade e beleza. "Os céus por sua palavra se fizeram, e, pelo sopro de sua boca, o exército deles" (Sl 33.6). Esta grande verdade levou Isaac Watts a compor estas tremendas palavras:

> Eu canto o tremendo poder de Deus, que fez surgir as montanhas,
> Que espalhou os mares sem fim, e criou os sublimes céus.
> Eu canto a sabedoria que ordenou o sol para governar o dia;
> A lua brilha cheia sob seu comando, e todas as estrelas lhe obedecem.[32]

Davi leva o povo a declarar: "nosso socorro está em o nome do SENHOR". Como é que ele faz isso? Ele os lembra da libertação de Deus no passado e lhes mostra como aplicar seu conhecimento dessa libertação passada às suas circunstâncias atuais. Essa é a razão por que ele começa o salmo da seguinte forma: "Não fosse o SENHOR, que esteve ao nosso lado, Israel que o diga; não fosse o SENHOR, que esteve ao nosso lado..." Sua exortação encontra-se no tempo presente porque ele quer que seus compatriotas façam da história uma realidade presente. Ele quer que eles considerem aquilo que é óbvio. Quer que estejam convictos da grande libertação de Deus no passado de tal forma que isso molde sua maneira de pensar no presente e os capacite a mirar o futuro e declarar com inabalável confiança: "nosso socorro está em o nome do SENHOR".

## Conclusão

Houve um tempo em que a terra quase nos engoliu, e a água estava a ponto de nos arrastar. Estávamos como um cor-

---

31 Stephen Charnock, *Discourses upon the Existence and Attributes of God*, 2 vols. (Grand Rapids: Baker, 1990), 2:13.
32 Isaac Watts, "I Sing the Mighty Power of God", 1715.

deiro na boca de um leão, e um pássaro debilitado no laço do passarinheiro. Curiosamente, os escritores do Novo Testamento usam essas duas descrições para representar Satanás (Mt 10.16; Jo 10.12; 2Co 11.3; 1Pe 5.8; Ap 12.15). Por causa do nosso pecado, nós éramos escravos de Satanás. Nossa situação era desesperadora. Mas aqui está uma preciosa verdade: Deus "estava do nosso lado". Não duvido que Paulo tivesse essas palavras em mente quando escreveu: "Se Deus é por nós, quem será contra nós?" (Rm 8.31). *Veja a dica de viagem n.º 1.* Paulo celebra muitas coisas neste versículo.

Primeiro, ele celebra nossa *libertação passada*: "Aquele que não poupou o seu próprio Filho, antes, por todos nós o entregou..." (Rm 8.32). Quando Cristo morreu por nós, Deus não reteve nem mesmo uma gota da sua ira. Ou seja, ele não agiu com misericórdia. R. C. Sproul pondera:

> A mais plena manifestação da maldição se encontra no grito de Jesus na cruz sobre ter sido abandonado. Ser amaldiçoado por Deus é ser abandonado por ele. O clamor de Jesus não foi apenas uma expressão de desengano ou um senso imaginário de abandono. Para que ele completasse sua obra de redenção, ele de fato precisava ser abandonado. Ele tinha de sofrer em si mesmo a maldição do Pai. Era preciso que o Pai voltasse as costas para seu Filho Unigênito. O Pai teve de cobrir a própria face e não permitir que Jesus visse a luz do seu rosto.[33]

Para Cristo tornar-se uma maldição, ele teve de suportar a plena medida da maldição – inclusive o próprio inferno. No momento da sua grande agonia, seu Pai não o poupou. Deus ouviu Naamã quando ele suplicou a cura; ele ouviu Ana quando ela chorou pedindo um filho; ele ouviu Hagar quando ela chorou pedindo ajuda; ele ouviu os ninivitas quando suplica-

---

33 R. C. Sproul, *Loved by God* (Nashville: Word, 2001), 57.

ram misericórdia; ele ouviu Elias quando ele clamou por libertação. Mas não há nada além de um ensurdecedor silêncio quando Cristo clama: "Deus meu, Deus meu, por que me desamparaste?" (Mt 27.46).

Cristo não clama em alta voz devido ao que os homens fazem com ele. Eles rejeitam, abusam, zombam, traem e o abandonam. Mas essas coisas nunca o levam a gritar em voz alta. Cristo clama em alta voz por causa daquilo que o seu Pai faz com ele. Na cruz, Cristo encontra-se em completa escuridão – externa e interna – porque seu Pai o abandonou. Qual é a razão de Cristo ter de sofrer dessa forma? A razão é o nosso pecado. Cristo se submeteu ao castigo da deserção – o castigo que nós merecemos por termos abandonado a Deus. "[Ele] derramou a sua alma na morte; foi contado com os transgressores" (Is 53.12). Ele fez isso para expiar nosso pecado – para satisfazer a justiça de Deus, para aplacar a ira de Deus, e assegurar-nos a misericórdia de Deus.

Em segundo lugar, Paulo celebra nossa *segurança futura*: "... porventura, não nos dará graciosamente com ele todas as coisas?" (Rm 8.32). Se Deus não poupou seu próprio Filho, mas o entregou por todos nós, então com certeza ele não vai deixar de nos dar coisa alguma. Em outras palavras, se o preço da nossa salvação é o sangue do próprio Filho de Deus, então com certeza vamos receber a herança. John Stott diz: "Ao dar seu Filho, [Deus] deu tudo. A cruz é a garantia da contínua e infalível generosidade de Deus".[34] Se Deus nos livrou do salário do pecado, dos tormentos do inferno e das garras de Satanás – por meio do sacrifício do seu Filho – ele vai nos conduzir até o fim. Não é nossa fé em Cristo que nos salva, ou o fato de nos agarrarmos a Cristo que nos salva, ou nossa alegria em Cristo que nos salva, ou nossa esperança em Cristo que nos salva. É o mérito de Cristo que nos salva.

Por fim, Paulo celebra nossa *presente confiança*: "Se Deus é

---

34 John Stott, *The Message of Romans: God's Good News for the World* (Downers Grove, IL: InterVarsity, 1994), 255.

por nós, quem será contra nós?" (Rm 8.31). Do início ao fim, a Escritura é enfática: não há como resistir a Deus. Ele nos salva e nos preserva. Preste atenção: ele não nos prometeu imunidade contra o sofrimento, o perigo ou a dificuldade, nem nos prometeu imunidade contra dor intensa, grandes perdas ou intensa aflição. Mas *ele prometeu, sim*, que nada nos pode separar do seu amor e que nada pode alterar seu plano a nosso respeito. Essa percepção infunde fortaleza espiritual em nossa viagem para casa. Quando olhamos para trás, vemos um grande Deus nos livrando de um grande perigo. Vivemos no presente à luz desse grande livramento, celebrando a maravilhosa verdade que "nosso socorro está em o nome do SENHOR".

# CAPÍTULO 6

# Que segurança!

*Salmo 125*

1 *Os que confiam no* SENHOR *são como o monte*
*Sião, que não se abala, firme para sempre.*
2 *Como em redor de Jerusalém estão os*
*montes, assim o* SENHOR, *em derredor do*
*seu povo, desde agora e para sempre.*
3 *O cetro dos ímpios não permanecerá sobre a sorte dos*
*justos, para que o justo não estenda a mão à iniquidade.*
4 *Faze o bem,* SENHOR, *aos bons e aos retos de coração.*
5 *Quanto aos que se desviam para sendas*
*tortuosas, levá-los-á o* SENHOR *juntamente*
*com os malfeitores. Paz sobre Israel!*

Vamos imaginar que eu moro na Malásia. Etnicamente, sou malaio, e isso significa que sou muçulmano. Quanto a isso, não tenho escolha – ser malaio é ser muçulmano. Essa é a lei. Os malaios formam noventa por cento da população do país, ao passo que os descendentes de chineses e de indianos formam a maioria dos demais habitantes. Entre esses, existem vários cristãos. Muitas vezes, passo por uma pequena igreja evangélica nas vizinhanças, e um dos meus colegas do escritório onde trabalho é cristão. Eu decido comprar uma Bíblia e começo a lê-la. Deus me convence do meu pecado e mostra minha necessidade de um Salvador. O vento sopra onde quer, e eu nasço de novo. Eu me arrependo e creio em Cristo. O que acontece em seguida? Acabei de transgredir a lei do país – e o castigo para isso é a prisão. Tenho mulher e filhos para cuidar. O que vai acontecer comigo? Não tenho como participar dos cultos na igreja evangélica ali perto de casa porque, se eu for ali, a polícia pode acusar aqueles cristãos de estarem fazendo proselitismo com um muçulmano. Como é que vou viver nessas condições?

Agora, vamos imaginar uma situação totalmente diferente. Eu moro na América. Sou cristão de quinta geração. Meus ancestrais tiveram o privilégio de viver num país fundamentado em princípios bíblicos. Mas, ultimamente, duas poderosas forças têm se consolidado na sociedade em que vivo.[35] A primeira delas é a "miopia moral". Miopia é o termo técnico para descrever a dificuldade que a pessoa tem de enxergar o que está um pouco mais distante. Para os míopes, tudo o que se encontra a certa distância parece vago, indistinto. Assim é a sociedade em que eu vivo. A maioria das pessoas não consegue ver as ramificações futuras do relativismo moral de hoje. A segunda força é "uma agenda violenta de completo conformismo". Em outras palavras, a sociedade em que eu vivo espera que todos aprovem seu padrão de moralidade – ou a falta desse padrão. Pelo fato de essas duas forças terem se consolidado, a mensagem que estou recebendo é a seguinte: Eu tenho de adotar uma "ética de anarquia sexual limitada somente pelo princípio do consentimento". Se eu não fizer isso, serei considerado como o equivalente moral de um racista. Vejo essa situação sendo aplicada a tudo, desde os Escoteiros da América até os Jogos Olímpicos de Inverno na Rússia. A ideia está sendo promovida na política e na legislação. Está sendo promovida no sistema educacional. E está sendo promovida em todos os setores da mídia.

Em graus diferentes, os dois cenários são exemplos de viver sob aquilo que o salmista chama de "cetro dos ímpios" (v. 3). A palavra "cetro" aponta para o poder político. Evidentemente,

---

35 Devo estas ideias a Carl Trueman. Veja http://www.mortificationofspin.org/ mos/postcards-from-palookaville/coming-soon-to-a-town-near-you#.VFjouvn-F-So.

o salmista está escrevendo numa época quando Israel está sob o governo de um rei ímpio – talvez mesmo um rei estrangeiro. Não é de surpreender que a impiedade esteja começando a permear a sociedade. Em decorrência disso, está se tornando cada vez mais difícil viver como parte do povo de Deus. O salmista está preocupado se essa impiedade vai corromper os justos – talvez eles estendam "a mão à iniquidade" (v. 3). A situação é perturbadora, desconcertante e desalentadora.

É isso o que o salmista está passando quando escreve, mas ele vê uma saída dessa escuridão ao concentrar-se em três certezas.

## A certeza da proteção de Deus (v. 1-3)

"Os que confiam no SENHOR são como o monte Sião, que não se abala, firme para sempre. Como em redor de Jerusalém estão os montes, assim o SENHOR, em derredor do seu povo, desde agora e para sempre. O cetro dos ímpios não permanecerá sobre a sorte dos justos, para que o justo não estenda a mão à iniquidade."

O que significa "confiar no SENHOR"? Já respondemos essa pergunta lá no Salmo 121.2: "O meu socorro vem do SENHOR, que fez o céu e a terra". Depois, novamente, respondemos isso no Salmo 124.8: "O nosso socorro está em o nome do SENHOR, criador do céu e da terra". Em suma, confiar em Deus é descansar naquilo que ele é. *Veja a dica de viagem n.º 4.* Nós descansamos em sua sabedoria: ele conhece todas as coisas por meio de um ato infinito de compreensão; e ele orquestra todas as coisas para alcançar o melhor fim através dos melhores meios. Confiar em Deus é descansar em seu poder; ele está entronizado nos céus; e seu governo não é desafiado por ninguém e por ninguém é perturbado. Confiar em Deus é descansar em sua bondade; ele nos tomou para si mesmo como seus filhos; e ele é um Pai compassivo que quer o melhor para nós.

Como é que Deus se relaciona com aqueles que confiam nele? Primeiro, ele os fortalece. O salmista diz que eles "são como o monte Sião, que não se abala, firme para sempre" (v. 1). Algumas pessoas são como a areia – instáveis. Algumas são como o vento – imprevisíveis. E algumas são como o mar – inconstantes. Mas o povo de Deus é como o monte Sião – a rocha que serviu como a fortificação inicial da cidade de Jerusalém. Ela nos fala de estabilidade e firmeza. Deus nos faz como o monte Sião concedendo-nos fortaleza espiritual para resistirmos diante da perversidade sistêmica.

Segundo, Deus está ao redor daqueles que confiam nele. O salmista diz que Deus cerca o seu povo "Como em redor de Jerusalém estão os montes" (v. 2). Historicamente, os montes têm servido como fortificações naturais. Não há como compreender, por exemplo, a história entre a Espanha e Portugal ou a Inglaterra e a Escócia sem levar em consideração o terreno que divide essas nações. O ponto do salmista é que Deus está ao redor do seu povo como uma cadeia de montanhas – ele provê a proteção. Em setembro de 2011, minha família e eu tivemos a oportunidade de visitar a Grande Muralha da China. É uma visão magnífica – centenas de quilômetros de extensão, nove metros de altura, e cinco metros e meio de largura. Ela foi originalmente construída como proteção contra os mongóis e outros invasores nômades, mas no correr dos séculos foi rompida em várias ocasiões. Você sabe por quê? Os invasores simplesmente subornaram os vigias.[36] Todo e qualquer muro feito pelo homem é passível de invasão, mas nada consegue transpor o muro de Deus.

Agora, se é verdade que Deus fortalece e cerca aqueles que confiam nele, qual é a razão de muitos do seu povo sofrerem sob "o cetro do ímpio"? Em outras palavras, por que tantos membros do seu povo sofrem oposição e perseguição? Esta pergunta deixa muita gente perplexa, mas sem necessidade. O compromisso de Deus de fortalecer e cercar seu povo não é uma promessa de lhes dar uma vida fácil – sem oposições nem

---

36 Moody, *Journey to Joy*, 69.

perturbações. Deus jamais promete algo assim ao seu povo. Ele nunca nos promete que passaremos pela vida ilesos e livres dos efeitos negativos da Queda.

Por muitos anos, me debati com a história de Jônatas. Em 1Samuel 14, lemos que os filisteus juntaram um exército e enviaram grupos de ataque. Os israelitas não contavam com armas de ferro; por isso, escondiam-se em cavernas e cisternas. O rei deles, Saul, também está escondido numa caverna; seu exército havia sido reduzido a 600 homens. Aías, um descendente de Eli, está com Saul. Aqui temos um sacerdote e um rei rejeitados, escondidos juntos numa caverna, encolhidos de medo diante do inimigo. Felizmente, ainda resta um homem que pensa grandes coisas a respeito de Deus: Jônatas, filho de Saul.

Esta história trata de um caso de contrastes. Saul se esconde, mas Jônatas se mostra. Saul recua, ao passo que Jônatas avança. Saul "fica na moita", enquanto Jônatas escala a guarnição dos filisteus. Saul evita o inimigo, ao passo que Jônatas enfrenta o inimigo. Saul olha para si mesmo, porém Jônatas olha para Deus. A chave de toda a narrativa é a afirmação de Jônatas: "porventura, o SENHOR nos ajudará nisto, porque para o SENHOR nenhum impedimento há de livrar com muitos ou com poucos" (1Sm 14.6). Nesta frase e em sua maneira de agir, Jônatas celebra o poder de Deus. Para ele, a superioridade militar dos filisteus não significa nada; a desvantagem numérica dos israelitas não significa nada; e o terreno rochoso impenetrável não significa nada. Esses obstáculos se derretem como cera no sol quente do verão diante da realidade de que "para o SENHOR nenhum impedimento há de livrar com muitos ou com poucos". Jônatas e seu escudeiro avançam para atacar a guarnição dos filisteus, e Deus lhes concede uma retumbante vitória.

Se não conhecêssemos a história bíblica de Saul e Jônatas, possivelmente haveríamos de deduzir que Jônatas seria o próximo rei de Israel. Aparentemente, esse seria o curso natural das coisas. Ele é dos bons. Ele é uma coluna da fé. É um homem de Deus. Mas aqui está a dura realidade: Jônatas será desconsiderado para que outro (Davi) reine, será maltratado por seu pai, e morto pelos filisteus, sozinho numa colina. Alguns de nós temos dificuldades com o destino de Jônatas. Por quê? É que, lá no fundo, achamos que a obediência merece recompensa. Pelo fato de seguirmos a Deus, achamos que ele deveria usar seu poder ilimitado para assegurar que nossa vida esteja livre de sofrimento. Sejamos honestos – nenhum de nós tem dificuldade com a segunda parte da declaração de Jônatas: "para o SENHOR nenhum impedimento há de livrar com muitos ou com poucos". Mas a maioria de nós tem dificuldade com a primeira parte daquilo que ele disse: "porventura, o SENHOR nos ajudará nisto".

Deus não promete ao seu povo uma vida de facilidades. Ele promete fortalecer e cercar aqueles que confiam nele, com isso protegendo-os contra o mal *supremo*. *Veja a dica de viagem n.º 3.* O que significa isso exatamente? John Owen explica: "Aqueles a quem o Senhor com certeza vai preservar para sempre no estado e condição de confiança nele, esses jamais serão abandonados por ele, nem serão separados dele".[37] Como foi discutido no Capítulo 2, existe algo muito pior do que o sofrimento neste mundo. Existe algo muito pior do que perder nosso emprego, saúde, dinheiro, reputação, ou até mesmo nossa vida.

O que é a perda destas coisas em comparação com perder a Deus? Se ele é infinito, então perdê-lo é uma perda infinita. Se ele é incompreensível, então perdê-lo ultrapassa nossa compreensão. De modo inverso, se ele é infinito, então ganhá-lo é algo de valor infinito. Se ele é incompreensível, então ganhá-lo é de valor incompreensível. Deus fortalece e cerca seu povo preservando-o para aquilo que "Nem olhos viram, nem ouvidos ouviram, nem jamais penetrou em coração humano o que Deus tem preparado para aqueles que o amam" (1Co 2.9).

---

37 John Owen, *The Works of John Owen*, 16 vols., org. W. H. Gould (Londres, 1850; reimpr., Edimburgo: Banner of Truth, 1977), 11:263.

Haverá situações que serão duros testes para nós, tentações para sucumbirmos à frustração, desilusão, amargura e impaciência. Elas podem tentar-nos a "estendermos a mão à iniquidade". Mas existe a promessa: "O cetro dos ímpios não permanecerá sobre a sorte dos justos". Ou seja, Deus vai colocar limites na extensão e no impacto dessa impiedade. Ele vai restringi-la porque ele conhece nossa fragilidade e vulnerabilidade. E, no final das contas, ele vai nos guardar "para a salvação preparada para revelar-se no último tempo" (1Pe 1.5).

## A certeza da provisão de Deus (v. 4)

"Faze o bem, Senhor, aos bons e aos retos de coração."

Quando ouvimos a palavra "bem", a maioria de nós pensa imediatamente em termos de mínimo sofrimento, segurança financeira, sonhos realizados, e problemas resolvidos. Por quê? Muitas vezes, definimos *bem* de acordo com o que desejamos, em vez de fazê-lo em termos daquilo que precisamos; daquilo que nos faz felizes, em vez daquilo que nos faz santos; daquilo que se pode ver em vez daquilo que é invisível; e daquilo que é temporário em vez daquilo que é eterno. Em suma, definimos *bem* de acordo com o interesse da carne em vez de fazê-lo de acordo com o bem-estar da alma. Mas o propósito principal de Deus não é realizar nossos sonhos, nem é tornar-nos saudáveis e ricos. Seu propósito principal é glorificar a si mesmo conformando-nos à imagem do seu Filho (Rm 8.28-30). Paul Tripp diz: "O alvo principal de Deus não é mudar nossas situações e relacionamentos de forma que possamos ser felizes, mas é nos mudar por meio de nossas situações e relacionamentos de forma que sejamos santos".[38]

É nesse "bem" que o salmista está pensando neste versículo. Ele pede que Deus cumpra seu propósito (o qual é bom) por meio das próprias circunstâncias que ameaçam seu povo – mesmo enquanto estão se debatendo sob "o centro dos ím-

---

38  Paul Tripp, *Instruments in the Redeemer's Hands: People in Need of Change Helping People in Need of Change* (Nova Jérsei: P&R, 2002), 241.

pios". O sofrimento nos tenta a nos refugiarmos sozinhos num mundo de preocupação. Ele nos tenta a sucumbir diante daquilo que algumas pessoas chamam de "estoicismo soberano", segundo o qual nos conformamos ao fato de simplesmente termos de cumprir nosso dever sem importar o que nos aconteça. Ele também nos tenta a sucumbir à histeria desenfreada, que nos faz implodir emocionalmente. Para nos guardarmos dessas tentações, precisamos lembrar que não existe maior garantia do amor de Deus por nós do que o seu desejo de nos fazer santos (Ef 5.25-27). Ele tem em vista nosso bem-estar em longo prazo. Ele deseja aumentar nossa fé, esperança e amor, deseja purificar-nos do pecado, desmamar nosso coração do mundo, fazer-nos mais compassivos para com os outros, e levar-nos a amá-lo acima de todas as coisas. A aflição pode nos assaltar, mas ela não pode nunca nos destruir. Na verdade, Deus a designou como parte do processo pelo qual ele nos santifica. Esse é o *bem* a que ele se refere.

## A certeza de que Deus nos preserva (v. 5)

"Quanto aos que se desviam para sendas tortuosas, levá-los-á o Senhor juntamente com os malfeitores. Paz sobre Israel!"

Contemplando os corredores do tempo, o salmista vê um dia em que serão julgados os "malfeitores" e "os que se desviam para sendas tortuosas". O que acontecerá com eles? Em suma, "o Senhor vai levá-los". Em primeiro lugar, isso significa que eles perderão tudo o que é agradável e satisfatório nesta vida – tudo o que dá um pouquinho de felicidade. Eles perderão suas possessões, famílias e amigos. Eles também perderão as esperanças, estímulos e prazeres. Mas o que é muito pior, eclipsando essas perdas materiais, eles perderão a Deus – a única fonte de verdadeira felicidade. Esta é a perda maior de todas as perdas. É uma perda que as palavras não podem descrever – que mente nenhuma consegue conceber. Aqueles a quem Deus vai levar se tornarão objeto da sua ira, à medida que ele retira sua compaixão e ternura. Como será terrível cair nas mãos de

Deus sem nada mais do que a própria alma para aguentar sua ira infinita!

Lamentavelmente, alguns de nós estamos vacinados contra a realidade do inferno. Ela não exerce sobre nós a influência que deveria exercer. Por mais de 30 anos, morei numa região a duas horas de distância das Cataratas do Niágara. Mais de 12 milhões de turistas visitam as Cataratas todo ano. Para dizer a verdade, não sei por que tanto rebuliço em torno delas. Por que tenho essa impressão? É que a proximidade e a familiaridade embotaram meu senso de assombro. Infelizmente, a mesma coisa pode acontecer com nossa apreciação das coisas de Deus. Já ouvimos tantas vezes a respeito do nosso pecado, que isso não quebranta mais nosso coração. Já ouvimos tantas vezes a respeito da expiação de Cristo, que ela não aquece mais nosso coração. Já ouvimos tantas vezes a respeito da misericórdia de Cristo, que ela não derrete mais nosso coração. Ou, no presente contexto, já ouvimos falar tanto a respeito do inferno, que isso não assombra mais nosso coração. Essa é a razão por que John Piper alerta:

> Se eu não creio de coração essas terríveis verdades – creio nelas de tal forma que são reais em meus sentimentos – então o bendito amor de Deus em Cristo dificilmente vai brilhar. O perfume do ar da redenção dificilmente será perceptível. A infinita maravilha da minha nova vida será lugar-comum. A maravilha de que para mim, um filho do inferno, são dadas todas as coisas como herança não me deixará mudo com trêmula humildade e dócil gratidão. Todo esse negócio da salvação será coisa banal para mim, e minha entrada no paraíso será coisa óbvia. Quando o coração não sente mais a verdade do inferno, o evangelho deixa de ser *boas* novas e se torna apenas em novas. A intensidade da alegria se enfraquece e seca-se o amor primaveril do coração.[39]

---

39 John Piper, *Brothers, We Are Not Professionals: A Plea to Pastors for Radical Ministry* (Nashville: Broadman & Holman, 2002), 115–16.

Piper descreve bem a questão: "Quando o coração não sente mais a verdade do inferno, o evangelho deixa de ser *boas novas* e se torna apenas em *novas*". Para conseguirmos perseverar sob o "cetro dos ímpios" ou para conseguir perseverar sob qualquer circunstância difícil, precisamos entender aquilo de que Deus nos preserva. *Veja a dica de viagem n.º 1.* É a escuridão da noite que faz com que o amanhecer seja tão enriquecedor; é o tormento da dor que torna o alívio tão confortante; é o frio do inverno que torna a primavera tão animadora; é a solidão da separação que torna a reunião tão revigorante. Dessa mesma forma, é a possibilidade do inferno que torna tão impressionante a promessa da glória.

Acabei de mencionar as Cataratas do Niágara. Há duas maneiras de vê-las. Você pode chegar perto das grades e ver as quedas de cima – a água correndo pela escarpa, a neblina subindo, o barulho ensurdecedor em seus ouvidos e as gotículas de água molhando seu rosto. Ou, então, você pode entrar num barco (por exemplo, o *Maid of the Mist*) e ver as cataratas de baixo para cima – a água revolta, o barulho ensurdecedor, a nuvem ofuscante, e o turista guinchando à sua esquerda. Dessa mesma forma, há duas maneiras de contemplar o evangelho. Nós o contemplamos de baixo para cima para ver seu significado pessoal – o que ele significa para o indivíduo. E nós o contemplamos de cima para baixo para ver seu significado universal – o que ele significa para o cosmos.

Quando olhamos de cima para baixo, vemos que o evangelho são as boas novas que Deus reconciliou "todas as coisas" consigo mesmo (Cl 1.20). Ele inaugurou uma nova criação, que aguarda sua purificação plena e final do pecado. Quando olhamos de baixo para cima, vemos que o evangelho são as boas novas de que Deus nos reconciliou consigo mesmo (Cl 1.21-22). Anteriormente, estávamos alienados, caracterizados por pensamentos hostis e obras perversas (Cl 1.21). Mas Deus nos mudou de uma posição de hostilidade para uma posição de paz removendo a barreira para a paz – nosso pecado. Agora, regozijamo-nos no fato de Cristo "ocultar nossa injustiça com sua justiça, cobrir nossa desobediência com sua obediência, e cobrir nossa morte com sua morte, de forma que a ira de Deus não pode nos encontrar".[40] Estamos certos de que Deus vai nos preservar da ira vindoura. Isso aumenta "a intensidade da alegria", alimenta "o amor primaveril do coração", e nos concede esperança quando estamos sob o "cetro do ímpio".

## Conclusão

Essas três certezas nos fornecem uma perspectiva extremamente necessária quando nos encontramos sob o "cetro dos ímpios". Elas nos lembram que o Deus Trino está empenhado em nossa salvação, proteção, preservação e glorificação. De acordo com Thomas Manton, "por parte do Pai, existe graça soberana e poder infinito; por parte do Filho, existe mérito suficiente e intercessão eterna; por parte do Espírito, existe influência (ação) contínua".[41] Este Deus é o fundamento para nossa suprema segurança.

---

40  Henry Smith, conforme citado em I. D. E. Thomas, *A Puritan Golden Treasury* (Edimburgo: Banner of Truth, 2000), 162.

41  Thomas Manton, *The Complete Works of Thomas Manton*, 22 vols. (Birmingham, AL: Solid Ground Christian Books, 2008), 10:304–5.

# CAPÍTULO 7

# Alegria sem fim

## Salmo 126

1 Quando o SENHOR restaurou a sorte de
Sião, ficamos como quem sonha.
2 Então, a nossa boca se encheu de riso, e a nossa
língua, de júbilo; então, entre as nações se dizia:
Grandes coisas o SENHOR tem feito por eles.
3 Com efeito, grandes coisas fez o SENHOR
por nós; por isso, estamos alegres.
4 Restaura, SENHOR, a nossa sorte, como
as torrentes no Neguebe.
5 Os que com lágrimas semeiam com júbilo ceifarão.
6 Quem sai andando e chorando, enquanto semeia,
voltará com júbilo, trazendo os seus feixes.

"Regozijai-vos sempre" (1Ts 5.16). De todos os mandamentos da Escritura, considero este um dos mais difíceis de obedecer. Por quê? A alegria dos sentidos baseia-se nas coisas do presente, ao passo que a alegria da fé encontra-se em coisas futuras; a alegria dos sentidos está no bem do corpo, ao passo que a alegria da fé está no bem da alma; a alegria dos sentidos é governada pelas circunstâncias, ao passo que a alegria da fé é governada por promessas; e a alegria dos sentidos descansa no mundo, ao passo que a alegria da fé descansa em Deus.[42] Então, o que estou

---

42 Manton, *Works*, 19:416.

querendo dizer? É muito mais fácil viver pelos sentidos do que pela fé, e isso significa que minha alegria é, muitas vezes, *terrena* em vez de celestial – *material* em vez de *espiritual*. Considere a seguinte história:

> Vários anos atrás, enquanto pregava nos Estados Unidos, fiquei hospedado na casa de um jovem casal muito bem sucedido, rodeado da pompa do sucesso e do enriquecimento cada vez maior. Eles eram membros ativos de uma igreja muito animada em tudo o que fazia, e meus hospedeiros pareciam estar constantemente "nas alturas".
>
> Certa noite, quando o marido deu partida no carro antes de irmos para a igreja, ouvimos um grunhido assustado vindo de debaixo do capô do carro. Quando ele o abriu, ali estava o gato de estimação deles, olhando aterrorizado, com alguns pedaços de pelo a menos. Na mesma hora, meus hospedeiros renderam-se a um pânico desvairado, e toda a sua confiança e animação desapareceram. Francamente, o aspecto deles era pior do que o do gato! Demorou várias horas para se recuperarem.
>
> Esse incidente foi uma estranha ilustração de como a felicidade pode ser débil e instável quando está divorciada da verdadeira felicidade e da verdade da afirmação de Thomas Watson: "A felicidade não reside nas coisas exteriores".[43]

Precisamos aprender que a verdadeira felicidade não provém das circunstâncias temporais e materiais, mas das realidades eternas e espirituais. E esse é o tema central do Salmo 126. Logo de início, quero que você perceba três detalhes importantes. Primeiro, neste Salmo há duas seções principais: versículos 1-3 e versículos 4-6. Segundo, a palavra "sorte" não é sinônimo de riqueza ou tesouro terrenos, nem é sinônimo de "boa sorte" – como no biscoito da sorte. A palavra refere-se ao favor de

---

43 John Blanchard, *The Beatitudes for Today* (Surrey, UK: Day One Publications, 1999).

Deus. Na tradução do texto hebraico, a versão Almeida Revista e Corrigida diz: "Quando o Senhor trouxe do cativeiro os que voltaram a Sião", referindo-se à restauração dos cativos. Isso nos mostra que a *sorte* mencionada é a restauração ou libertação. Terceiro, o salmista olha para trás na primeira seção, ao passo que, na segunda, ele olha para a frente.

Quando juntamos esses três detalhes, a mensagem do salmista se torna clara: a verdadeira alegria é estimulada por nossa gratidão pela restauração passada e por nossa antecipação da futura restauração.

## Gratidão pela restauração passada (v. 1-3)

"Quando o Senhor restaurou a sorte de Sião..."

De que o salmista está falando? Não sabemos. Uma teoria bem conhecida é que o autor seja Esdras, e que ele escreveu estas palavras para celebrar o retorno do remanescente da Babilônia. Essa é uma possibilidade bem real. Mas há muitas outras ocasiões de livramento na história de Israel. E, assim, não temos condições de dizer ao certo quem era o salmista ou qual restauração ele tinha em vista, mas sabemos com certeza três dos seus efeitos.

*Inspirou grande admiração (v. 1)*

"Quando o Senhor restaurou a sorte de Sião, ficamos como quem sonha."

Algumas pessoas pensam que "estão sonhando" quando compram um carro de luxo ou uma casa no campo, quando passam férias nalgum lugar exótico, ou alcançam liberdade financeira (um direito humano básico, conforme o que ouvi recentemente de um pregador). James Adams cunhou a expressão "sonho americano" em 1931, descrevendo-o da seguinte forma: "cada homem e cada mulher deve estar pronto para atingir o mais alto nível de que são naturalmente capazes, e devem ser reconhecidos pelos outros por aquilo que são".[44] Em nossos dias,

---

44 "What Is the American Dream?", *Library of Congress: Teachers: Classroom Materials: Lesson Plans: The American Dream*, http://www.loc.gov/teachers/class-

muitos interpretam essa ideia como se significasse que devemos aspirar à riqueza e ao luxo. Em decorrência disso, o "sonho americano" tornou-se sinônimo de materialismo. Será possível que estejamos seguindo uma espécie de cristianismo americano que adota uma percepção distorcida do sonho americano? Se for assim, será possível que estejamos comprometidos com valores que na realidade são contrários à fé cristã?

O que o salmista tem em mente não é a prosperidade material. Quando diz que eles ficaram "como quem sonha", ele quer dizer que viram a libertação de Deus como algo "bom demais para ser verdade". Era algo surpreendente e assombroso.

*Provocou grande alegria (v. 2)*

"Então, a nossa boca se encheu de riso, e a nossa língua, de júbilo..."

A mudança drástica da sorte deles foi como mudar das trevas para a luz, da vida para a morte. Foi uma celebração do tipo que dá vontade de gritar, bater palmas, pular de tanta alegria. A verdadeira alegria não consiste em viver sem problemas ou estar tudo bem. A verdadeira alegria consiste em ser liberto, restaurado e reconciliado com Deus.

*Glorificou a Deus (v. 2-3)*

"... então, entre as nações se dizia: Grandes coisas o Senhor tem feito por eles. Com efeito, grandes coisas fez o Senhor por nós; por isso, estamos alegres."

Quando veem o que está acontecendo, as nações reconhecem que Deus operou poderosamente mudando a condição de Israel, mas falam do assunto apenas como uma notícia. São apenas "espectadores" do que está acontecendo, ao passo que o povo de Deus "participa" dos acontecimentos.[45] Ao mesmo tempo, o povo de Deus declara: "Grandes coisas fez o Senhor por nós". O que faz com que sejam grandes? Eram manifesta-

---

roommaterials/lessons/american-dream/students/thedream.html.
45  Henry, *Commentary on the Whole Bible*, 717.

ções miraculosas e maravilhosas do seu poder, manifestações inesperadas e imerecidas da sua graça, e manifestações inescrutáveis e inexplicáveis da sua sabedoria.

## A antecipação da restauração futura (v. 4-6)

"Restaura, SENHOR, a nossa sorte..."

Deus restaurou a sorte deles, mas aqui o salmista pede a Deus que restaure sua sorte. Isso parece meio confuso. O que ele está querendo dizer? Mais uma vez, não sabemos quais são as circunstâncias específicas do escritor. Se este salmo de fato descreve os eventos que ocorreram depois que o remanescente voltou da Babilônia, então talvez o salmista esteja expressando seu desejo de que seus compatriotas que ficaram para trás voltassem para Jerusalém. Quaisquer que sejam as circunstâncias exatas, o povo está olhando para Deus para livrá-los mais uma vez. O salmista usa duas figuras verbais para descrever a expectativa deles.

### A figura da geografia: da secura debilitante aos rios transbordantes (v. 4)

"Restaura, SENHOR, a nossa sorte, como as torrentes no Neguebe."

O Neguebe encontra-se no sul de Israel, e em boa parte do ano os *wadis* (riachos e rios sazonais) estão completamente secos. Eu vejo esse tipo de coisa onde vivo, em Glen Rose, no Texas. O rio Paluxy atravessa o centro da cidade. Muitas vezes, no meio do verão, ele está completamente seco. O leito está marrom, seco, todo fendido. É assim que o salmista se sente. Ele quer que Deus envie chuva que transborde os *wadis* e ensope a terra. Ele sabe que a futura libertação de Deus será como um rio se precipitando por uma terra árida.

### A figura da agricultura: da semeadura com lágrimas até a colheita com alegria (v. 5-6)

"Os que com lágrimas semeiam com júbilo ceifarão. Quem sai andando e chorando, enquanto semeia, voltará com júbilo, trazendo os seus feixes."

Quando um lavrador semeia sua semente num clima tão inóspito, ele o faz sem muita esperança. Parece estar fazendo algo inútil. O solo e as condições climáticas parecem contrários a ele. Mas, de repente, a chuva cai, a semente germina, o grão cresce, e ele ceifa uma tremenda colheita. O salmista não se esqueceu da restauração passada que Deus operou. Seu coração se aquece sempre que pensa no assunto. Ela inspirou grande admiração, provocou grande alegria e glorificou a Deus. Mas as coisas têm sido difíceis desde então. Ele se sente como um *wadi* na estação da seca ou como um lavrador semeando a semente no pó. E, assim, ele suplica que Deus restaure sua sorte, em plena confiança de que Deus responderá sua oração. A colheita virá, e seu choro se transformará em "gritos de alegria".

## Conclusão

Quando trazemos este salmo para este lado da cruz, vemos que a verdadeira alegria é estimulada pela nossa apreciação da restauração passada e nossa antecipação da restauração futura. *Veja a dica de viagem n.º 1*. Em primeiro lugar, nós celebramos a restauração passada. Cada libertação de Israel (do Egito até a Babilônia) aponta para uma libertação muito maior. Nós estávamos presos sob o domínio do pecado. Imagine a masmorra mais profunda, a cela mais escura, as correntes mais grossas, e o carcereiro mais forte. Pronto? Você não chegou nem perto de perceber a profundidade da nossa escravidão ao pecado. Mas Cristo nos libertou pagando o castigo que nosso pecado merecia.

Ele cancelou o escrito de dívida, encravando-o na cruz (Cl 2.14). Quando os romanos crucificavam alguém, eles fixavam a acusação oficial acima da cabeça do criminoso: o *titulus*. Eles afixaram um *titulus* acima da cabeça de Cristo: o rei dos judeus. Muito bem, Deus Pai também afixou (falando de modo figurativo) um *titulus* acima da cabeça de Cristo: a lei. Deus cancelou a lei quando seu Filho satisfez a exigência dela de perfeita obediência e sofreu a maldição por ela proferida.

Cristo também nos libertou ao romper o poder do nosso pecado. Ele triunfou sobre os "principados e potestades", despojando-os (desarmando-os) e humilhando-os (Cl 2.15). Depois que conquistavam um inimigo, os generais romanos entravam na cidade de Roma, seguidos de um desfile de tesouros e prisioneiros através da cidade. Essa é a ideia neste versículo. Na cruz, Cristo triunfou sobre os poderes espirituais, expondo-os à vergonha pública. O domínio de Satanás é duplo: ele governa as pessoas por meio da morte, e ele as governa por meio do pecado. Por sua morte, Cristo destruiu ambos os aspectos do domínio de Satanás. Ele o desarmou.

Por isso, em Cristo, respiramos o ar da liberdade. O efeito é de grande admiração, grande alegria e glorifica a Deus. Somos como os que sonham. Mas, a despeito de nossa celebração da libertação passada, ainda desejamos algo mais. Estamos esperando o dia quando seremos salvos plenamente e de forma final. Curiosamente, Cristo começa e conclui as bem-aventuranças com a mesma promessa: "deles é o reino dos céus" (Mt 5.3, 10). Em ambos os casos, a promessa encontra-se no tempo presente. As seis promessas intermediárias das bem-aventuranças olham para o futuro, indicando que fazer parte do reino de Deus, no final das contas, culmina em todas essas bênçãos: nós seremos confortados, herdaremos a terra, seremos satisfeitos, receberemos misericórdia, veremos a Deus, e seremos chamados de filhos de Deus.[46] Essas bênçãos nos pertencem por direito — em virtude de nossa união com Cristo e pela inclusão em seu reino. Mas só as desfrutamos agora de forma *parcial* e *imperfeita*; ao passo que as desfrutaremos em glória de forma *plena* e *perfeita*.

Até lá, haveremos de lutar. Às vezes, sentimo-nos como um *wadi* na estação da seca. Às vezes, nos sentimos como se estivéssemos semeando no pó. É difícil. Você é um cristão res-

---

46 Como Don Carson explica, este é um recurso estilístico chamado *inclusão*, cujo significado é que tudo o que está entre a primeira e a última bem-aventuranças constitui um conjunto só. *The Sermon on the Mount: An Evangelical Exposition of Matthew 5–7* (Grand Rapids: Baker, 1978), 16.

secado? Sente-se árido e cheio de rachaduras? Está semeando com lágrimas – confusão, frustração e desilusão? Se for assim, aqui estão três verdades para conservar na mente.

Em primeiro lugar, a aridez não vai durar para sempre. Aqueles que semeiam com lágrimas não o fazem para sempre; no devido tempo, eles colhem com gritos de alegria. Mas aqui está uma coisa que não devemos omitir: É Deus quem escolhe quando acaba o tempo da seca. Nesta vida, é possível que experimentemos várias ocasiões de chuva abundante, ou experimentemos uma longa e debilitante seca. Nesta vida, talvez ceifemos uma grande colheita de nossa semente semeada com lágrimas, ou talvez não vejamos colheita nenhuma. Não devemos perder de vista o fato de que o cumprimento pleno da promessa de Deus está no futuro. *Veja a dica de viagem n.º 3.* Podemos possuir muito pouca coisa durante a nossa vida aqui, mas mesmo assim somos abençoados, porque sendo membros de Cristo que é o Senhor de todas as coisas, a herança nos pertence. Está chegando o dia quando esse "direito" dará lugar à posse plena. No retorno de Cristo, herdaremos os novos céus e a nova terra – o universo renovado, do qual será removido todo resquício de maldição. Naquela ocasião, haveremos de colher com "gritos de júbilo".

Em segundo lugar, a aridez não muda o amor do Pai por nós. Longos períodos de estiagem são especialmente difíceis porque muitas vezes os interpretamos como sinais do desagrado de Deus. Essa é uma forma errada de ver as coisas. O salmista exclama: "Contaste os meus passos quando sofri perseguições; recolheste as minhas lágrimas no teu odre; não estão elas inscritas no teu livro?" (Sl 56.8). Deus está bem perto de nós seja no fundo do vale seja no topo da montanha. Ele permanece conosco durante os dias mais escuros. Somos alvo constante da sua *atenção*: "por ele [Cristo], ... temos acesso ao Pai em um Espírito" (Ef 2.18). E somos alvo constante do seu *afeto*: ele tem cuidado de nós (1Pe 5.7). Se nos desencaminhamos, ele nos guia; se tropeçamos, ele nos segura; se caímos, ele nos levanta;

se erramos, ele nos corrige; se sofremos, ele nos conforta. Em Cristo, somos objeto do seu amor eterno.

Em terceiro lugar, a estiagem não reprime a alegria do presente. Quando mantemos os olhos fixos na libertação passada e na que ainda virá, essas realidades espirituais transcendem todas as circunstâncias de agora. Deus "nos tem abençoado com toda sorte de bênção espiritual nas regiões celestiais em Cristo" (Ef 1.3). Ele nos reconciliou consigo mesmo, derramou sobre nós o seu Espírito, tornou-nos um com Cristo; fez-nos coerdeiros com Cristo; e nos libertou da escravidão do pecado e da maldição da lei. Ele nos concede livre acesso a si mesmo e nos chama de filhos. E nos promete que tudo coopera juntamente para nosso bem, que nada nos separará do seu amor e que vamos herdar seu reino. Essa é a razão da verdadeira alegria.

# CAPÍTULO 8

# Evitando a preocupação

## Salmo 127

*1 Se o Senhor não edificar a casa, em vão
trabalham os que a edificam; se o Senhor não
guardar a cidade, em vão vigia a sentinela.
2 Inútil vos será levantar de madrugada, repousar
tarde, comer o pão que penosamente granjeastes;
aos seus amados ele o dá enquanto dormem.
3 Herança do Senhor são os filhos; o
fruto do ventre, seu galardão.
4 Como flechas na mão do guerreiro,
assim os filhos da mocidade.
5 Feliz o homem que enche deles a sua aljava; não será
envergonhado, quando pleitear com os inimigos à porta.*

Ela nos consome. Quando toma conta de nós, não quer nos
largar; ela aprisiona nossos pensamentos e invade nossas emoções; abafa nossa alegria e atrapalha nossa paz. Ela estende seus
tentáculos à volta de nossa alma, apertando-nos até drenar toda
a nossa força. Ela não nos deixa comer nem dormir. Impede-
-nos de usufruir as boas dádivas que Deus tão graciosamente
nos concedeu.

Ela nos atrapalha. Não vemos graça em coisa nenhuma
quando nos agarra com força. Ela provoca tensão entre o relacionamento de marido e mulher, pai e filho, irmão e irmã.
Provoca tensão nos relacionamentos entre os crentes. Além dis-

so, ela faz com que nos tornemos tão introspectivos, que nos tornamos inúteis quando se trata de servir aos outros. Ela nos torna nervosos. Faz com que sejamos desatentos, indiferentes e sem compaixão.

Ela nos engana. Promete resolver aquilo que nos inquieta e corrigir o que nos atormenta. No entanto, ela não contribui nem um pouco para a resolução de nenhum dos nossos problemas. Ela não dá nenhum conselho sadio, nem contribui com nenhuma percepção inteligente sobre nossa situação. Não concede nenhuma paz ou conforto. Toma todo o nosso tempo e não produz nada. Drena toda a nossa energia e não produz nada. Ela tira tudo o que temos, e não dá nada em troca.

Estou me referindo, é claro, à preocupação – que alguém já descreveu como "um pequeno gotejar de medo que serpenteia pela mente até abrir uma passagem pela qual todos os outros pensamentos são drenados". Martyn Lloyd-Jones diz: "A dificuldade com a pessoa de pequena fé é que, em vez de controlar seu pensamento, é o seu pensamento que é controlado por outra coisa, e, como se costuma dizer, essa pessoa fica girando em círculos. Essa é a essência da preocupação".[47]

Se toda noite você fica horas deitado sem conseguir dormir, posso lhe dizer o que tem feito: você tem andado em círculos. Você volta sempre aos mesmos detalhes infelizes a respeito da mesma pessoa ou coisa. Isso não é pensar; isso é ausência de pensamento, uma falha no pensar. Alguma outra coisa está controlando e governando seu pensamento, conduzindo-o a esse miserável e infeliz estado chamado preocupação. Como Lloyd-Jones sugere, o único remédio para a preocupação é pensar de maneira apropriada. E é exatamente o que vamos descobrir no Salmo 127.

Antes de nos aprofundarmos nos detalhes, precisamos estabelecer alguns pontos. Em primeiro lugar, precisamos reco-

---

47 Martyn Lloyd-Jones, *Studies in the Sermon on the Mount*, 2 vols. (Grand Rapids: Eerdmans, 1962), 2:130.

nhecer qual *não* é o assunto do Salmo. Ele não tenta resolver grandes quebra-cabeças teológicos, nem sondar as complexidades de doutrinas complicadas, nem aspira a experiências extasiantes, nem tenta atravessar oceanos profundos e altas montanhas para proclamar o evangelho aos perdidos, suportando indizíveis e impensáveis dificuldades, nem se envolver em grandes feitos de disciplina espiritual, nem se ocupar com conferências em que milhares de pessoas cantam em voz arrebatadora, nem servir nalgum ministério de vanguarda, ou entregar tudo em favor do reino. Este Salmo trata das coisas comuns; trata da vida real.

Em segundo lugar, precisamos considerar quem eram os ouvintes de Salomão. No versículo 2, ele fala dos "amados" de Deus. De quem ele está falando? No final das contas, o amado de Deus é Cristo, e todos os que estão unidos a ele. "... tendo amado os seus que estavam no mundo, amou-os até ao fim" (Jo 13.1). Essa declaração maravilhosa é composta de duas partes: Cristo ama "os seus" – todos aqueles que o Pai lhe deu; e Cristo os ama "até o fim" – ou seja, ele vai para a cruz para pagar o castigo dos pecados deles. Seu amor por eles é imutável e inabalável. Isso deve ser motivo de celebração diária. John Owen escreve: "Nunca estamos tão perto de Cristo como quando nos perdemos numa santa admiração por seu indizível amor".[48]

Em terceiro lugar, precisamos reconhecer o tema unificador deste salmo, que é de autoria de Salomão. Algumas pessoas têm sugerido que o pensamento de Salomão é meio desconjuntado ou até mesmo composto de dois ou três temas sem relação entre si. Discordo dessa ideia. O tema central, numa frase simples, é o seguinte: não temos razão nenhuma para nos preocuparmos à luz da providência de Deus, que a tudo abarca.

Com essas coisas em mente, estamos prontos para considerar o Salmo.

---

48  John Owen, citado em *Puritan Golden Treasury*, 175.

**A providência de Deus na provisão e na proteção (v. 1)**

"Se o SENHOR não edificar a casa, em vão trabalham os que a edificam; se o SENHOR não guardar a cidade, em vão vigia a sentinela."

Salomão usa, aqui, duas cláusulas condicionais para afirmar que todos os esforços humanos se encontram prostrados junto do trono da providência de Deus. A primeira diz respeito à *provisão* de Deus: "Se o SENHOR não edificar a casa, em vão trabalham os que a edificam". Talvez Salomão estivesse pensando no templo de Deus, na cidade de Jerusalém ou no reino de Israel; mas é mais provável que esteja pensando na sua própria casa. Ele é bastante objetivo: à parte de Deus, a construção de uma casa é vã. Por quê? É que Deus é a causa suprema de todas as coisas. À parte da providência de Deus, a argamassa não se ajusta, os tijolos não duram, a eletricidade não funciona, o prédio não se mantém de pé.

A segunda cláusula condicional diz respeito à *proteção* de Deus: "... se o SENHOR não guardar a cidade, em vão vigia a sentinela". Salomão sabe que é importante que a sentinela fique acordada. Ele não está sugerindo que os vigias tenham a liberdade de dormir durante o serviço. Mas ele está destacando que, mesmo rodeada por milhares de sentinelas atentas, a segurança da cidade ainda está em Deus. No final das contas, a proteção vem dele porque ele é a causa de todas as coisas. O mais avançado sistema de alarme e os mais sofisticados meios de defesa não podem proteger ninguém à parte da providência de Deus.

Com essas duas cláusulas condicionais, Salomão afirma que todo o esforço humano se prostra diante do trono da providência de Deus. *Veja a dica de viagem n.º 4.* Deus mantém vivas todas as coisas, faz com que todas elas aconteçam em seus detalhes, e as direciona para seu fim designado.


**Um exemplo do suprimento providencial de Deus (v. 2)**

"Inútil vos será levantar de madrugada, repousar tarde, comer o pão de dores, pois assim dá ele aos seus amados o sono" (Versão ARC, ACF).

Esta afirmação parece dizer respeito à primeira cláusula condicional do versículo 1: "Se o Senhor não edificar a casa, em vão trabalham os que a edificam". Em suma, a providência de Deus significa que precisamos ir a ele em busca de provisão. No versículo 2, Salomão dá um exemplo específico do suprimento providencial de Deus: o fruto de todo o nosso trabalho está em suas mãos. Salomão não está negando a necessidade de trabalho duro; pode ser que precisemos virar a noite de vez em quando, mas a frase chave é "pão de dores". Ele está dizendo que não tem sentido preocupar-se e dar ênfase desnecessária ao trabalho. Por quê? Porque trabalhamos, mas confiamos os resultados a Deus. Por quê? Porque ele "dá aos seus amados o sono". Isso é verdade e é uma tradução bem feita do hebraico. Mas existe outra maneira de traduzir o texto: "aos seus amados ele o dá enquanto dormem" (Versão ARA). O que significa isto? Precisamos ter em mente que este salmo foi escrito numa sociedade agrícola, que a maioria dos seus leitores originais eram lavradores. As colheitas dependem do ciclo anual da chuva, são suscetíveis a pragas, tempestades e doenças. As pessoas podem plantar, irrigar e colher – de sol a sol. Mas, no final das contas, é Deus quem precisa fazer a semente crescer – é ele que precisa dar isso enquanto os lavradores dormem. Dessa mesma forma, com referência ao nosso trabalho, é Deus quem precisa conceder o crescimento. Por essa razão, nós descansamos em seu suprimento providencial.

## Um exemplo da proteção providencial de Deus (v. 3-5)

"Herança do Senhor são os filhos; o fruto do ventre, seu galardão. Como flechas na mão do guerreiro, assim os filhos da mocidade. Feliz o homem que enche deles a sua aljava; não será envergonhado, quando pleitear com os inimigos à porta."

Esta afirmação nos remete à segunda cláusula condicional do versículo 1: "... se o Senhor não guardar a cidade, em vão vigia a sentinela". A lição é que, à luz da providência de Deus, nós olhamos para ele em busca de proteção. Mas o que isso tem a ver com filhos? No versículo 3, Salomão afirma que os filhos são uma "herança" e um "galardão" da parte de Deus. No contexto, parece estar dizendo que eles fornecem uma medida de força, segurança e estabilidade temporais. Eles são "como flechas na mão do guerreiro".

Salomão acrescenta: "Feliz o homem que enche deles a sua aljava". Tenho ouvido esta frase usada muitas vezes para animar os casais de hoje para que tenham famílias grandes – quanto maiores, melhor. Tenho ouvido isso tantas vezes, que é difícil imaginar que este versículo queira significar qualquer outra coisa. Mas não penso que o tamanho da família da pessoa seja a questão central. Para entendermos o que ele está dizendo, precisamos entrar na cultura daquela época. Envelhecer sem filhos era algo cruel. Não havia redes de segurança ou programas sociais; por isso, à medida que as pessoas envelheciam, tornavam-se cada vez mais vulneráveis e se apoiavam nos filhos para que as protegessem. Salomão está dizendo que essa proteção, no final das contas, vem de Deus, pois os filhos vêm de Deus. Por isso, a lição é que precisamos descansar na proteção providencial de Deus.

## Conclusão

Talvez sejam essas as duas causas de maior preocupação na vida: suprimento e proteção. De acordo com Salomão, ambos estão nas mãos de Deus. Quando entendemos isso, entramos no âmbito do pensamento adequado. Paramos de "dar voltas, em círculo" em nossa mente. Passamos a ver que a ansiedade é uma atitude inútil.

Quero mostrar como isso funciona em termos muito práticos. Insisto neste ponto porque a *preocupação* exerce sua influência repressora em muitos de nós. Além disso, ela se tornou um pecado aceitável, ou seja, não lidamos com ela como deveríamos. Vamos começar reconhecendo que existe um medo *natural*. Os exemplos são, sempre, muito úteis; por isso, suponhamos que eu saia da porta da frente da minha casa e me depare com uma cascavel. (Eu moro no Texas, de forma que essa situação não é tão absurda.) Pelo fato de a cobra ser venenosa e perigosa, sinto medo e a evito. Não há nada errado com isso. Na verdade, esse tipo de medo é essencial para a existência humana; nós tememos aquilo que nos ameaça, e evitamos aquilo de que temos medo.

Mas, precisamos reconhecer que existe uma coisa chamada de medo *pecaminoso*. E, assim, vamos imaginar a mesma situação: deparo-me com uma cascavel do lado de fora da minha casa, e fico com tanto medo, que volto correndo para dentro de casa e decido que dali eu não saio nunca mais. O que é que aconteceu? Meu medo *natural* tornou-se um medo *pecaminoso* porque atribuí *poder máximo* ao objeto do meu medo. Ele agora me controla. Dá para notar a diferença?

Dessa mesma forma, precisamos reconhecer que existe uma diferença entre preocupação *natural* e preocupação *pecaminosa*. Vejamos outra situação hipotética: Digamos que eu tenha uma casa nas praias do Golfo. Um furacão se aproxima velozmente, de forma que eu fecho com tábuas as janelas da minha casa, me certifico que minha apólice de seguros está paga, e levo minha família para um lugar seguro. Não há nada de errado com esse tipo de preocupação. É algo sensato e essencial para a existência humana. Mas, imagine uma reação diferente à mesma situação. Depois de fazer todas as coisas mencionadas acima, fico por aí me perguntando como tocar a vida se a tempestade destruir minha casa. Começo a me afastar da minha esposa, fico irritado com meus filhos. O que aconteceu? Minha preocupação *natural* se tornou preocupação *pecaminosa* porque atribuí valor supremo ao objeto da minha preocupação. Ele agora me controla.

Alguns de nós se preocupam com relacionamentos desfeitos, doenças que nos enfraquecem, morte prematura ou perda financeira. Alguns de nós se preocupam com fracasso, rejeição ou abandono. Alguns de nós se preocupam a respeito do estado em que o mundo se encontra: as estruturas políticas estão estremecendo, os sistemas monetários estão desmoronando e os valores tradicionais estão desaparecendo. Essas coisas devem nos preocupar. Mas nossas preocupações se tornam *pecaminosas* quando começam a nos controlar. Quando elas nos controlam, significa que tememos alguma coisa mais do que a Deus. Quando tememos alguma coisa mais do que tememos a Deus, significa que cremos existir alguma coisa maior do que Deus. Quando cremos que existe alguma coisa maior do que Deus, significa que somos culpados de idolatria. À medida que removemos as camadas, descobrimos que a causa da preocupação pecaminosa não é o que está acontecendo *fora* de nós, mas o que está acontecendo *dentro* de nós.

Vejamos mais alguns exemplos para nos certificarmos que você entendeu este ponto. Imagine que eu tenha medo de doença. Isso é normal. Mas meu medo me impede de sair em público, me mantém grudado no Google, e eu mesmo faço o diagnóstico de cada dor ou desconforto que sinto. Meu medo *natural* tornou-se um medo *pecaminoso*. Fiz do meu medo de doença um ídolo (*mais poderoso do que Deus*) que me controla. Ou imaginemos que eu tenha medo de rejeição. Isso é normal. Mas meu medo me impede de desenvolver relacionamentos, me impede de me comunicar com minha esposa, ou me impede de expressar meus sentimentos. Meu medo natural se tornou em *medo ansioso*. Fiz de meu medo de rejeição um ídolo (*mais valioso do que Deus*) que me controla.

Esse tipo de preocupação é uma questão do coração, que só pode ser resolvida por meio da viva aplicação da verdade. E é isso que o Salmo 127 nos dá. Salomão celebra a providência de Deus que a tudo abarca, demonstrando sua realidade em duas esferas de extrema importância: suprimento e proteção. *Veja a dica de viagem n.º 4.* À luz da providência de Deus que a tudo abarca, não temos razão nenhuma para nos preocuparmos. Com toda a certeza, este foi o ponto de Cristo quando ele declarou: "Observai as aves do céu: não semeiam, não colhem, nem ajuntam em celeiros; contudo, vosso Pai celeste as sustenta. Porventura, não valeis vós muito mais do que as aves?" (Mt 6.26). Gosto de imaginar que um bando de passarinhos voou ali por cima quando Cristo disse essas palavras. Quantos passarinhos já não pontuaram os céus desde a criação? Será que algum de nós é capaz de contar? Comparativamente falando, eles não têm valor, mas Deus cuida deles. Se a providência de Deus se estende para suprir o alimento de um simples passarinho e para protegê-lo, então com toda a certeza se estende também aos seus filhos. Como celebra Mabel Brown Denison:

De todas as maravilhas de Deus
esta maravilha das maravilhas eu vejo
que o Deus de tal grandeza infinita
cuida dos passarinhos – e de mim.

Essa "maravilha das maravilhas" exige fé. Paulo escreve: "E pôs todas as coisas debaixo dos pés e, para ser o cabeça sobre todas as coisas, o deu à igreja, a qual é o seu corpo, a plenitude daquele que a tudo enche em todas as coisas" (Ef 1.22-23). Todas as coisas estão sujeitas a Cristo. Existe o seu reino espiritual, por meio do qual ele governa por seu Espírito e Palavra o coração do seu povo. Existe também seu reino providencial, por meio do qual ele domina o mundo, governando todas as coisas. Eis uma verdade maravilhosa: Cristo domina seu reino providencial para o bem do seu reino espiritual. Em outras palavras, Deus dispôs a história do mundo tomando como referência o destino do seu povo. "... quanto ao Senhor, seus olhos passam por toda a terra, para mostrar-se forte para com aqueles cujo coração é totalmente dele" (2Cr 16.9).

Não existem acontecimentos aleatórios, acidentes caprichosos, encontros casuais, ou moléculas independentes. Seu conhecimento é perfeito: ele sabe o que aconteceu, o que acontece e o que acontecerá, o que pode acontecer, e o que não pode acontecer. Ele conhece todas as coisas perfeitamente, imediatamente e de forma distinta – a todo momento. Seu poder é perfeito; ele jamais encontrou dificuldade alguma – nem qualquer impossibilidade. "... não há quem lhe possa deter a mão, nem lhe dizer: Que fazes?" (Dn 4.35). Todos os detalhes de cada vida estavam na mente de Deus antes da fundação do mundo. "... as tuas obras são admiráveis, e a minha alma o sabe muito bem" (Sl 139.14). Sabemos que a sua bondade rege a sua providência, ou seja, ele designa todas as coisas para nosso bem. Sabemos que a sua sabedoria governa sua providência, ou seja, ele sabe o que é melhor para nós. Sabemos que seu poder executa sua providência, ou seja, ele está no completo controle. Agora, isso é pensar de forma correta!

> Louva ao Senhor, que sobre todas as coisas reina tão maravilhosamente,
> Debaixo das suas asas te abriga, sim, tão gentilmente te sustenta!
> Não tens visto como teus desejos têm sido sempre
> Atendidos conforme o que ele ordenou?[49]

---

49 Joachim Neander, "Praise to the Lord, the Almighty", 1680, trad. por Catherine Winkworth, 1863.

# CAPÍTULO 9

# Descobrindo a felicidade

*Salmo 128*

1 *Bem-aventurado aquele que teme ao
Senhor e anda nos seus caminhos!*
2 *Do trabalho de tuas mãos comerás,
feliz serás, e tudo te irá bem.*
3 *Tua esposa, no interior de tua casa, será
como a videira frutífera; teus filhos, como
rebentos da oliveira, à roda da tua mesa.*
4 *Eis como será abençoado o homem que teme ao Senhor!*
5 *O Senhor te abençoe desde Sião, para que vejas a
prosperidade de Jerusalém durante os dias de tua vida,*
6 *vejas os filhos de teus filhos. Paz sobre Israel!*

Duas décadas atrás, quando trabalhei para uma organização de apoio e desenvolvimento social, tive a oportunidade de visitar o Haiti. Depois de todos esses anos, ainda guardo na memória um determinado dia dessa viagem. Ao nascer do sol, saí de Porto Príncipe em direção às montanhas; quando a estrada acabou, estacionei o carro e caminhei duas horas subindo até uma comunidade perto de Bois Joli. Meu alvo era determinar se alguma das nascentes daquela área seria fonte viável de água potável. Terminada a análise, comecei o caminho de volta. Mas cometi um erro enorme: esqueci de abastecer meu cantil para as duas horas de caminhada até meu carro. Trinta minutos depois, percebi meu desatino, mas — certo ou errado — segui em frente. O sol estava quase a pino, e a temperatura tinha subido para cerca de 38 graus centígrados. Quando cheguei ao carro, estava a ponto de desmaiar. Como você pode imaginar, eu tinha apenas uma coisa na cabeça – água. É impressionante como tudo o mais parecia sem importância.

Vivemos num mundo que é incapaz de satisfazer nossa maior sede. Nossa alma é espiritual; as coisas materiais não conseguem satisfazê-la. Nossa alma é incomum; as coisas comuns não conseguem satisfazê-la. Mas o que o mundo oferece? Você acertou: as coisas materiais, passageiras e comuns. Ele oferece CDs com sons de pássaros, baleias, oceanos e chuva caindo. Oferece cadeiras vibratórias, máquinas de massagem, velas perfumadas e massageadores corporais. Oferece um monte de medicamentos, inúmeros aparelhos de ginástica e várias distrações tolas. Oferece esportes radicais, realidade virtual e *reality show*. Oferece entretenimento e mais entretenimento. Todas essas ofertas vêm acompanhadas de promessas de felicidade, mas o mundo não consegue cumprir suas promessas. A situação é ainda pior, como David Wells explica:

O "American way of life" (estilo de vida americano) pode causar inveja ao mundo, suas invenções e equipamentos podem ser procurados e imitados, mas a versão americana de felicidade, descobre-se no final das contas, é totalmente letal. A América é um país violento e perturbado. Seus adolescentes detêm a mais alta taxa de suicídio do mundo... lidera o *ranking* mundial do consumo de drogas, legais e ilegais, dos vícios de vários tipos, de divórcios, de doenças depressivas, e do *marketing* de um vasto conjunto de terapias para combater esses problemas – os quais apontam, todos, para um enorme estado de infelicidade subjacente.[50]

---

50 Wells, *No Place for Truth*, 170–71.

Olhando à nossa volta, vemos que essa felicidade é a parte mais valorizada da existência humana. Os pais tentam cultivá-la; os músicos a expressam; os governos a prometem; o comércio faz dela um negócio; e as propagandas a vendem. Por quê? Porque as pessoas estão desesperadamente buscando encontrá-la. Mas a felicidade se mostra abstrata porque a maioria das pessoas não sabe onde ela está. Como Thomas Watson observa: "Milhões de pessoas se enganam tanto sobre a essência da felicidade como sobre a maneira de alcançá-la".[51] Por quê? É que a confundem com coisas exteriores: possessões, experiências, realizações e relacionamentos. Mas eis o que as engana: a felicidade não é encontrada em condições e circunstâncias que sempre mudam, mas sim num Deus que nunca muda.

E essa é a mensagem do Salmo 128. Aqui, vemos três elementos essenciais da verdadeira felicidade: seu objeto, seus frutos e sua fonte.

## O objeto da felicidade (v. 1)

"Bem-aventurado aquele que teme ao SENHOR e anda nos seus caminhos!"

O temor de Deus é um tema central da Bíblia. "De todas as coisas que se devem saber", escreve Matthew Henry, "esta é a mais evidente: Deus deve ser temido, reverenciado, servido e adorado. Essa verdade é tão evidente, que aqueles que não a conhecem nada sabem."[52] Mas o que é, exatamente, temer a Deus?

Vários anos atrás, minha esposa e eu tivemos a oportunidade de visitar *Victoria Falls* no Zimbábue. Sob o impulso do momento, decidimos andar de caiaque, e nosso guia organizou um café da manhã às margens do belo rio Zambezi. Depois, ele nos fez participar de uma breve sessão de treinamento, seguida

---

51 Thomas Watson, *The Beatitudes: An Exposition of Matthew* 5:1–12 (1660; reimpr., Edimburgo: Banner of Truth, 1994), 25.

52 Matthew Henry, *Matthew Henry's Commentary on the Whole Bible* (Iowa Falls: World Bible Publishers, s.d.), 3:793.

de uma séria advertência: "Este é um rio selvagem. Vocês não terão problemas com os crocodilos, desde que permaneçam no caiaque. Mas os hipopótamos são um caso à parte. Se eles se sentirem ameaçados por vocês, eles atacarão por baixo da água!" Em seguida, mordeu um pequeno ramo e disse (com o que me pareceu uma piscada de olho): "Um hipopótamo vai arrebentar seu caiaque!" Eu estava pronto para recuar, mas a pressão do grupo era grande demais, e, assim, prosseguimos em nossa aventura com o caiaque.

O passeio foi prazeroso, até chegarmos perto do final da viagem, quando entramos num trecho estreito do rio. De repente, quatro olhos surgiram na superfície da água. De acordo com John Flavel, o que senti naquele momento é conhecido como medo *natural*: "A inquietação ou perturbação da mente, vinda da percepção de um mal que se aproxima ou de algum perigo iminente".[53] Como vimos no capítulo anterior, esse tipo de medo é parte essencial da natureza humana – temos medo daquilo que nos ameaça, e, como reação, evitamos aquilo que tememos.

Mas será que temer a Deus é isso? Será que devemos vê-lo como um perigo a ser evitado? Para resolvermos isso, é essencial notar que a Escritura fala de temer a Deus de duas maneiras muito diferentes. Essa distinção fica evidente, por exemplo, em Êxodo 20. Os israelitas estão reunidos no monte Sinai, onde viram fogo e fumaça e ouviram os trovões. Por causa disso ficaram com medo. Mas Moisés lhes diz: "Não *temais*; Deus veio para vos provar e para que o seu *temor* esteja diante de vós, a fim de que não pequeis" (v. 20, itálicos meus). Em suma, Moisés ordena ao povo que não tema a Deus, mas que tema a Deus. Como explicar esta aparente contradição? John Bunyan diz: "Aqui temos dois tipos de temor: um temor proibido e um temor recomendado".[54]

---

53 John Flavel, *The Works of John Flavel*, 6 vols. (Londres: Banner of Truth, 1968), 3:245.

54 John Bunyan, *A Treatise on the Fear of God* (Morgan, PA: Soli Deo Gloria, 1999),

Em outras palavras, existe uma maneira errada e uma certa de temer a Deus: o temor ímpio e o temor *piedoso*. O temor ímpio procede de uma percepção errônea a respeito de Deus, ao passo que o temor piedoso procede de uma percepção correta a respeito de Deus. O temor ímpio nos faz fugir de Deus, ao passo que o temor piedoso nos faz correr para ele. O temor ímpio se baseia num relacionamento legal do qual queremos fugir, ao passo que o temor piedoso se baseia num relacionamento familiar que desejamos cultivar. Você entende?

Para ir direto ao ponto, o temor ímpio procede do ódio. Quando percebemos que alguma coisa nos ameaça, nós a odiamos, e procuramos evitá-la ou destruí-la. Infelizmente, é por essa razão que muitas pessoas temem a Deus. Elas o consideram perigoso para o bem-estar delas. Esse tipo de temor não causa nenhuma impressão permanente na alma, mas leva as pessoas a consertar a vida enquanto secretamente desejam que Deus as deixe em paz. Em marcante contraste, o temor piedoso provém do amor. Ele não vem de uma percepção de que Deus seja uma ameaça, mas sim de que ele é glorioso. Quando a alma sente "a maravilhosa doçura da bondade de Deus", diz William Gouge, e descobre "que toda a felicidade consiste unicamente em seu favor, ela é surpreendida com temor respeitoso e reverência interiores".[55]

Percebemos que nos colocamos onde Deus merece estar – no trono. Percebemos que Deus se colocou onde nós merecemos estar – na cruz. Pela graça soberana, ele nos tornou um com seu amado Filho. Em decorrência disso, gozamos os benefícios da cruz. Seu perdão suplanta nossa pecaminosidade, e sua justiça suplanta nossa corrupção. Nós o tememos a partir de um profundo senso de temor respeitoso e reverência. Esforçamo-nos para fazer o que lhe agrada e evitar aquilo que lhe desagrada. Em outras palavras, procuramos "andar em seus caminhos". É isso que significa temer a Deus.

29.
55  William Gouge, *Of Domesticall Duties: Eight Treatises* (Londres, 1622), 8.

## Os frutos da felicidade (v. 2-4)

De acordo com o salmista, os frutos do temor a Deus e do andar em seus caminhos são duplos.

*Trabalho frutífero (v. 2)*

"Do trabalho de tuas mãos comerás, feliz serás, e tudo te irá bem."

Deus planejou o trabalho para nosso bem, mas ele agora carrega os efeitos da queda (Gn 2-3). Para muita gente, o trabalho se tornou uma busca cansativa, exaustiva e insatisfatória. Os patrões são injustos, os empregados são irresponsáveis, as metas são inatingíveis, as reuniões são postergadas, as mensagens são perdidas, os serviços são rotineiros, as expectativas são muito altas, as condições são opressivas, as planilhas eletrônicas não se harmonizam, os empreiteiros superfaturam, e os companheiros de trabalho apunhalam pelas costas. "Pois que tem o homem de todo o seu trabalho e da fadiga do seu coração, em que ele anda trabalhando debaixo do sol? Porque todos os seus dias são dores, e o seu trabalho, desgosto; até de noite não descansa o seu coração" (Ec 2.22-23).

Mas, para aqueles que temem a Deus, a maldição é revertida. Nós "comemos do trabalho de nossas mãos". Isso não significa que nosso trabalho seja, de repente, livre de todos os problemas e conflitos, mas que Deus abençoa nosso trabalho. Como? Ele faz provisão para nossas necessidades; além disso, ele nos concede uma medida de satisfação em nosso trabalho. E, assim, trabalhamos duro em qualquer coisa que Deus nos tenha chamado para fazer. Fazemos isso para suprir nossas necessidades, prover para nossas famílias, repartir com os que estão em necessidade, e – mais importante que tudo isso – servir a Deus (1Ts 4.12; 1Tm 5.8; Ef 4.28; 6.7). Dessa forma, nosso trabalho torna-se um chamado sagrado – cheio de dignidade, propósito e recompensa.

*Um lar frutífero (v. 3)*

"Tua esposa, no interior de tua casa, será como a videira frutífera; teus filhos, como rebentos da oliveira, à roda da tua mesa."

A família é a unidade básica da sociedade, designada para nosso bem (Gn 2.18-25). Mas, em decorrência da Queda, ela também sofre os efeitos negativos da maldição (Gn 3.16). Todo lar é, em certa medida, deficiente, porque cada indivíduo é pecaminoso. Todo lar está repleto de desafios: expectativas não realistas, personalidades ofensivas, atitudes egoístas, palavras ásperas, dias longos, noites insones, fraldas sujas, irmãos briguentos e por aí vai.

Mas, para aqueles que temem a Deus, a maldição é revertida. Quando vivemos no temor de Deus, o relacionamento entre marido e mulher é transformado. O casamento se vê livre da sua caricatura moderna de armadilha, tarefa desagradável ou fardo. Ele é elevado ao âmbito daquilo que é divino. É separado como um dos mais sagrados chamamentos que o mundo jamais conheceu. Vemos o casamento da maneira como é: uma ilustração do relacionamento entre Cristo e a igreja (Ef 5.22-33). Deus embutiu o evangelho na ordem da criação embutindo-o no casamento. Quando vemos um marido doando-se a si mesmo à sua esposa, vemos Cristo doando-se a si mesmo à sua igreja.

O temor a Deus também transforma o relacionamento entre pais e filhos. A paternidade torna-se uma vocação, não uma tarefa difícil e desagradável – uma bênção, não uma inconveniência. Isso não significa que nosso lar esteja livre de todo e qualquer problema. Às vezes, pensamos que, se lermos os livros certos, participarmos dos seminários certos, e adotarmos os sistemas corretos, Deus automaticamente haverá de abençoar nossa família. Esse modo de pensar é uma forma sutil de legalismo, por meio da qual achamos que nossa atuação é que determina o favor de Deus. Mas não é isso que o salmista está dizendo. Seu ponto é que o temor a Deus transforma as famílias. Ele humilha os soberbos, quebra o teimoso, e cura o ferido. Ele produz mansidão e incentiva o perdão. Uma família transformada é uma família frutífera.

*Uma promessa (v. 4)*

"Eis como será abençoado o homem que teme ao SENHOR!"

Já dirigi em alguns lugares bem malucos. A cidade de Luanda, em Angola, foi uma das mais malucas. Por quê? É que ninguém presta atenção às leis de trânsito. Não havia limite de velocidade. Os semáforos não funcionavam a maior parte do tempo, e, quando funcionavam, ninguém dava a mínima às luzes vermelhas. Dirigir do lado direito da estrada era opcional. Durante a hora do *rush*, de manhã, uma multidão de carros se amontoava nos vários cruzamentos pela cidade inteira. Era um caos.

Assim é a vida sem o temor de Deus. Deixar de andar nos caminhos de Deus sempre dá em confusão tanto em nível *pessoal* como *social*.[56] As pessoas, rapidamente, perdem todo senso daquilo que é sagrado. Essa perda é sentida em todas as esferas, especialmente no lar, à medida que enfraquece a instituição do casamento. O resultado é uma crescente taxa de divórcios, um aumento de casais simplesmente morando juntos, e um aumento de relacionamentos alternativos. Esse enfraquecimento da unidade familiar resulta em desprezo público pela autoridade, o que leva a um aumento acentuado da delinquência juvenil e numa queda contínua da motivação natural do homem de prover, proteger e procriar. Em outras palavras, acaba-se com a virilidade masculina. Esse tipo de sociedade começa a ser absorvido pela busca desordenada por prazer – sexual ou de qualquer outro tipo – e é marcado por crescente apatia pelo dever e pela responsabilidade civis e por um declínio na produtividade econômica e na criatividade acadêmica. Tudo isso conduz a um

---

56 Estas ideias foram adaptadas de Moody, *Journey to Joy*, 103–4. Moody, por sua vez, resumiu as ideias obtidas de Carle Zimmerman's *Family and Civilization* (1947), e de Edward Gibbon's *The Decline and Fall of the Roman Empire* (1776–1778).

aumento incontrolável de gastos públicos, porque o governo precisa compensar a preguiça social. Isso leva a um grande aumento nos gastos militares para guerrear com inimigos estrangeiros reais ou imaginários, ao passo que o maior inimigo (a decadência moral) prossegue sem repressão nem contestação na própria casa. Será que algum desses males lhe parece familiar?

Quando tememos a Deus, nós "andamos em seus caminhos", ou seja, conformamo-nos à sua vontade. Nós pensamos, sentimos, avaliamos, desejamos, sonhamos, planejamos e vivemos de maneira bíblica. O resultado de harmonizar nossa vida com a vontade de Deus é a sabedoria. "O temor do SENHOR é o princípio da sabedoria, e o conhecimento do Santo é prudência" (Pv 9.10). Os mandamentos de Deus refletem a ordem e a estrutura do mundo; por isso, quando lhe obedecemos, harmonizamos nossa vida com a realidade, resultando em verdadeira felicidade.

## A fonte da felicidade (v. 5-6)

"O SENHOR te abençoe desde Sião, para que vejas a prosperidade de Jerusalém durante os dias de tua vida, vejas os filhos de teus filhos. Paz sobre Israel!"

Depois de descrever os frutos da felicidade nos versículos 2-4, o salmista ora por ela nos versículos 5-6. Ele ora por trabalho frutífero ("para que vejas a prosperidade de Jerusalém durante os dias de tua vida") e por lares frutíferos ("vejas os filhos de teus filhos"). O salmista deixa claro que somente Deus é a fonte dessa felicidade: "O SENHOR te abençoe desde Sião". Para o antigo Israel, Sião é Jerusalém, onde se encontra o templo em toda a sua glória. Para nós, Sião é Cristo e sua igreja. *Veja a dica de viagem n.º 2*. A igreja é onde o temor do Senhor nasce e é cultivado e onde os caminhos de Deus são proclamados e expostos.

Quando criança, eu era fã do Cavaleiro Solitário. Eu corria para casa depois da aula para assistir às reprises na TV. O chapéu branco, a máscara preta, o traje azul, as balas de prata – o sonho de todo menino. A coisa mais atraente no Cavaleiro

Solitário era sua completa independência. Ele não precisava de ninguém. Ele, sozinho, enfrentava renegados, bandidos, assassinos, ladrões de gado e qualquer um que se atrevesse a fazer qualquer coisa inaceitável. Às vezes pensamos que somos Cavaleiros Solitários, mas não existe esse tipo de coisa no corpo de Cristo. A viagem do cristão não é uma viagem de independência, mas, sim, de dependência. Essa é a maneira designada por Deus (Ef 4.11-16).

Por essa razão, é na igreja que encontramos a fonte da felicidade porque é na igreja que entramos em contato com a pregação da Palavra – o meio pelo qual o Espírito Santo cria fé no coração (Jo 3.3-5; Rm 9.16; 10.17). Esse é o meio pelo qual Deus opera em seu povo. "Isso, então, nos ensina como saber quem teme o Senhor", diz John Bunyan: "São aqueles que aprendem, e que perseveram em temor respeitoso pela Palavra. Temem a Deus aqueles que, por meio da santa Palavra de Deus, trazem a figura dessa Palavra gravada na face da sua alma."

## Conclusão

Fomos criados para a eternidade. Fomos criados para algo maior do que nós mesmos – algo maior do que qualquer coisa que este mundo tenha para oferecer. De forma inerente, sabemos que isso é verdade. Anelamos por alguma coisa que este mundo não pode satisfazer. A maioria das pessoas não entende isso. Querem que as coisas materiais e passageiras satisfaçam aquilo que é espiritual e eterno. Mas somente Deus pode conceder felicidade verdadeira. É isso que Cristo comprou para nós: "Cristo morreu, uma única vez, pelos pecados, o justo pelos injustos, para conduzir-vos a Deus..." (1Pe 3.18). Deus é nosso.[57]

Seu poder é nosso para nos proteger. Sua sabedoria é nossa para nos dirigir. Sua misericórdia é nossa para ter piedade de nós. Sua graça é nossa para nos perdoar. Seu amor é nosso para nos renovar. Sua alegria é nossa para nos satisfazer. Sua justiça

---

57 Estou em dívida para com George Swinnock por suas ideias, extraídas de *Works*, 4:508.

é nossa para nos aceitar como justos em Cristo. Sua fidelidade é nossa para cumprir as promessas que nos fez. Sua majestade é nossa para nos tornar gloriosos para sempre. Acima de tudo isso, ele é "o nosso Deus para todo o sempre" (Sl 48.14). Ele não é nosso Deus por um dia, uma semana, um mês ou um ano, mas "para todo o sempre". Ele não é nosso Deus por mil anos, mas "para todo o sempre". Ele não é nosso Deus por um milhão de anos, mas "para todo o sempre". "... bem-aventurado é o povo cujo Deus é o SENHOR!" (Sl 144.15).

# CAPÍTULO 10

# Superando os maus tratos

## Salmo 129

1 Muitas vezes me angustiaram desde a
minha mocidade, Israel que o diga;
2 desde a minha mocidade, me angustiaram,
todavia, não prevaleceram contra mim.
3 Sobre o meu dorso lavraram os aradores;
nele abriram longos sulcos.
4 Mas o Senhor é justo; cortou as cordas dos ímpios.
5 Sejam envergonhados e repelidos
todos os que aborrecem a Sião!
6 Sejam como a erva dos telhados, que seca antes de florescer,
7 com a qual não enche a mão o ceifeiro, nem
os braços, o que ata os feixes!
8 E também os que passam não dizem: A bênção do Senhor
seja convosco! Nós vos abençoamos em nome do Senhor!

O Salmo 129 é um problema para algumas pessoas – talvez até para você. Por quê? Porque está entre os salmos *imprecatórios*. Esta não é uma palavra que usamos em nosso dia a dia. Eis uma definição simples: *imprecar* significa proferir uma maldição. Os salmos imprecatórios, portanto, são aqueles em que o autor pede que Deus amaldiçoe seus inimigos. "A morte os assalte, e vivos desçam à cova!" (Sl 55.15). "Ó Deus, quebra-lhes os dentes na boca" (Sl 58.6). "Sejam riscados do Livro dos Vivos" (Sl 69.28). "Fiquem órfãos os seus filhos, e viúva, a sua esposa" (Sl 109.9).

Não são expressões muito agradáveis! Por que certas pessoas se debatem com isso? Eis como eu vejo a questão: elas não têm a estrutura mental necessária para entender esses salmos.

Quando minha filha mais velha estava com três anos, ganhou uma bola de plástico azul e vermelha. (Se você tem filhos, sabe do que estou falando.) Nessa bola, havia aberturas (de vários formatos), e vieram junto várias peças amarelas (de vários formatos). A ideia é juntar as peças amarelas com as aberturas da bola. É muito interessante ver um bebê tentar encaixar um triângulo numa abertura com formato de um quadrado. Não importa o quanto e quantas vezes se esforce, isso não vai funcionar nunca. Por quê? É que as duas formas não combinam.

Infelizmente, muitas vezes isso acontece com nossa maneira de pensar. Existe uma incompatibilidade entre o que é real e nossa *percepção* dessa realidade. E essa é a razão por que os salmos imprecatórios são um problema para algumas pessoas. Por essa razão, vou destacar cinco erros na maneira de pensar que tornam extremamente difícil entender esses salmos – fazer as peças se encaixarem.

O primeiro erro é uma visão desconjuntada da Escritura. Algumas pessoas, por não conseguirem perceber a harmonia e continuidade da Escritura, não levam em consideração os salmos imprecatórios (e, por essa mesma razão, qualquer outra passagem do Antigo Testamento de que não gostam). Mas não podemos agir dessa forma, pela simples razão que o Novo Testamento aceita o Antigo Testamento como uma realidade. Lucas, por exemplo, escreve: "havendo destruído sete nações na terra de Canaã, deu-lhes essa terra por herança" (At 13.19). Não há como contestar: o Novo Testamento aceita a destruição dos cananeus como fato histórico, e – indo direto ao ponto – como um ato de Deus. O Novo Testamento declara a historicidade e a confiabilidade do Antigo Testamento. Além disso, o Novo Testamento, de forma ainda mais direta, cita os salmos imprecatórios (veja o Salmo 69 em João 2.17, 15.25 e em Romanos 11.9-10).

O segundo erro é uma visão distorcida a respeito de Deus. Existe, por aí, um monte de seguidores do pensamento teológico de Marcião. Para aqueles que não sabem, Marcião viveu muito tempo atrás – no século II. Em suma, ele cria que havia dois deuses – o deus do Antigo Testamento (vingativo) e o deus do Novo Testamento (misericordioso). O deus bom veio nos libertar do deus que não era tão bom assim. Agora, eu nunca me deparei com ninguém que expressasse a coisa nesses termos, mas isso é mais ou menos o que muita gente acredita. De duas, uma: ou essas pessoas negam a unidade essencial do Pai e do Filho ao crerem que o Antigo Testamento se refere ao Pai e que o Novo Testamento se refere ao Filho; ou anulam a distinção numérica entre o Pai e o Filho ao crerem num deus que sofreu uma tremenda mudança de personalidade entre os testamentos. De qualquer forma, essas pessoas negam (intencionalmente ou não) a doutrina da Trindade.

O terceiro erro é uma visão deficiente a respeito do pecado. Em nossos dias, o darwinismo social tem produzido duas escolas principais de pensamento para explicar o comportamento humano. O primeiro argumento é o da *educação*: nós agimos como agimos por causa do nosso meio ambiente social. O segundo é o argumento da *natureza*: agimos como agimos por causa da nossa constituição genética. No final das contas, ambas as escolas de pensamento absolvem o indivíduo de toda e qualquer responsabilidade. Esse ponto de vista inócuo a respeito do pecado se infiltrou amplamente na igreja, com isso fazendo o juízo de Deus parecer absurdo. Mas a Bíblia apresenta um quadro bem diferente da nossa condição. Ela deixa claro que nosso problema reside dentro de nós. A educação e a natureza talvez agravem o problema, mas elas não são o problema. A origem de tudo é nosso coração depravado. Em todo pecado, há um espírito de ateísmo, rebelião, ódio e homicídio. Enquanto não entendermos isso, os salmos *imprecatórios* continuarão sendo um livro fechado.

O quarto erro é uma visão pobre a respeito da justiça. O conceito da nossa sociedade a respeito da justiça sofreu uma dramática mudança nas últimas décadas. Hoje, a maioria das pessoas pensa que o principal propósito da justiça é a *reabilitação*, e não a *punição*. Devido a essa mudança na maneira de pensar, o conceito da ira de Deus é, agora, incompatível com a *capacidade emotiva* das pessoas. É verdade que precisamos fazer diferença entre vingança pessoal e oposição moral, entre vingança mesquinha e justiça perfeita, entre buscar vingança por conta própria e a justiça que glorifica a Deus. Mas, ao mesmo tempo, não podemos deixar de ver a justiça de Deus como a expressão da sua bondade quando ele condena os pecadores. Os salmos imprecatórios fornecem uma pré-estreia daquilo que vai acontecer no juízo final. Cristo virá do céu com seus poderosos anjos em chama de fogo, "tomando vingança contra os que não conhecem a Deus e contra os que não obedecem ao evangelho de nosso Senhor Jesus" (2Ts 1.8).

O quinto erro é uma definição deficiente a respeito do perdão. Na década de 1980, surgiu um conceito conhecido como "perdão terapêutico".[58] Em suma, ele define o perdão como parar de sentir ódio ou ressentimento para com a pessoa que prejudicou você. Isso pode parecer algo inofensivo, mas não é. Por que não? Porque transformou o perdão em uma emoção. Essa definição é, agora, aceita como ortodoxa na igreja, ou seja, muitos cristãos professos concebem o perdão de Deus como uma mudança emocional. Qual é a consequência disso? Bem, Deus é perdoador, ou seja, ele não está irado comigo. Ele me perdoa de forma incondicional. Você já ouviu isso? Mas esse conceito a respeito do perdão não tem nada a ver com a Escritura. O perdão bíblico não é uma *emoção*, mas uma *transação*. Como é que Deus perdoa? Existem dois ingredientes essenciais: a *justiça* e o *arrependimento*. Deus perdoa aqueles que se arrependem com base na sua justiça satisfeita no sacrifício substitutivo de

---

58 Devo estas ideias a Chris Brauns, *Unpacking Forgiveness: Biblical Answers for Complex Questions and Deep Wounds* (Wheaton, IL: Crossway, 2008), 64–73.

Cristo. *Veja a dica de viagem n.º 1*. Em decorrência disso, eles são reconciliados e restaurados diante de Deus. Mas não existe restauração sem perdão, e não existe perdão sem arrependimento. Explicamos tudo isso para dizer o seguinte: o perdão de Deus é *condicional*, não incondicional. Enquanto isso não é compreendido, os salmos imprecatórios continuam como uma barreira no caminho.

Minha oração é que todas as peças amarelas estejam, agora, encaixadas na bola vermelha e azul. Se for assim, estamos prontos para o verdadeiro conteúdo do Salmo 129. Vamos seguir três fases no fluxo de pensamento do salmista.

## A aflição do salmista (v. 1-3)

"Muitas vezes me angustiaram desde a minha mocidade, Israel que o diga; desde a minha mocidade, me angustiaram, todavia, não prevaleceram contra mim. Sobre o meu dorso lavraram os aradores; nele abriram longos sulcos."

O salmista menciona, aqui, cinco detalhes a respeito da aflição. Ela é *coletiva*: "Israel que o diga". Em outras palavras, o salmista expressa a experiência da nação como um todo. Ela é *severa*: "muitas vezes".[59] O salmista usa essa palavra duas vezes (no inglês); de forma que ele não está falando de alguma inconveniência trivial. Ele se refere a uma experiência difícil, que muda a vida, parte o coração, atormenta a mente, produz sofrimento, inflige angústia. Ela é *persistente*: "desde a minha mocidade". Quando é que Israel era jovem? Provavelmente é uma referência ao Egito. O salmista, portanto, está relembrando o povo da escravidão dos seus antepassados. A história da sua nação é uma história de sofrimento. Ela é *pessoal*: "eles". O salmista não está falando de algum desastre ou calamidade naturais, nem está falando de alguma circunstância infeliz. Essas pessoas têm sido castigadas de forma intencional. Ela é *brutal*:

---

59 Onde a versão ARA usa a expressão *Muitas vezes*, a versão do Autor usa a palavra *Greatly*, que significa *muito, em grande medida*, repetindo-a duas vezes no versículo [N. do T.].

"Sobre o meu dorso lavraram os aradores". Os exércitos vitoriosos infligiam esse tipo de tortura aos inimigos derrotados. De forma que é possível que o salmista esteja usando essas imagens para ampliar o horror da aflição deles. Também é possível que esteja usando isso como metáfora do açoitamento. De qualquer forma, a aflição é brutal – é cruel.

O que é que ele diz no meio disso tudo? "...todavia, não prevaleceram contra mim." Por quê? Isso nos leva à segunda fase do seu pensamento.

## A expectativa do salmista (v. 4)

"Mas o Senhor é justo; cortou as cordas dos ímpios."

O que o salmista quer dizer? Quando ele afirma que Deus é justo, ele está dizendo que Deus é maravilhosamente fiel. Em que sentido? O que Deus fez? Ele se lembrou do seu povo. Como? Ele "cortou as cordas dos ímpios". É provável que essas cordas se refiram ao que o salmista mencionou nos versículos anteriores – as cordas que amarram o arado aos bois. Deus cortou essas cordas. Em outras palavras, Deus libertou seu povo dos seus opressores. E, assim, a justiça de Deus é vista na maneira que ele preserva seu povo. Mas ela também é vista quando ele pune os inimigos deles. E isso nos conduz à terceira fase do pensamento do salmista.

## A imprecação do salmista (v. 5-8)

"Sejam envergonhados e repelidos todos os que aborrecem a Sião! Sejam como a erva dos telhados, que seca antes de florescer, com a qual não enche a mão o ceifeiro, nem os braços, o que ata os feixes! E também os que passam não dizem: A bênção do Senhor seja convosco! Nós vos abençoamos em nome do Senhor!"

O salmista pede que Deus envergonhe os atormentadores de Israel. Ele usa uma figura verbal para explicar o que tem em mente: ele quer que sejam "como a erva dos telhados". A erva é ajuntada e colocada em cima dos telhados. Com um pouco de chuva e sol, ela na verdade continua crescendo – mas não por muito tempo. Separada do solo, então ela seca, tosta e apodrece. Quando isso acontece, não presta para mais nada e logo é substituída.

Você percebe o tipo de linguagem empregada pelo salmista? Ele quer que seus inimigos sejam como a erva. Eles podem até prosperar (ascender) por um curto período de tempo, mas, no final, murcharão como erva que para nada aproveita. Eles não conhecerão jamais "a bênção do Senhor". Esta é a oração do salmista.

## Conclusão

No final das contas, descobrimos que este salmo se cumpre em Cristo e sua igreja. *Veja a dica de viagem n.º 2.* Do mesmo modo que o salmista, Cristo experimenta terrível aflição: "Ofereci as costas aos que me feriam e as faces, aos que me arrancavam os cabelos; não escondi o rosto aos que me afrontavam e me cuspiam" (Is 50.6). Do mesmo modo que o salmista, Cristo olha para Deus: "Porque o Senhor Deus me ajudou, pelo que não me senti envergonhado; por isso, fiz o meu rosto como um seixo e sei que não serei envergonhado" (Is 50.7). Do mesmo modo que o salmista, Cristo confia seus inimigos ao juízo de Deus: "Eis que o Senhor Deus me ajuda; quem há que me condene? Eis que todos eles, como um vestido, serão consumidos; a traça os comerá" (Is 50.9).

De que maneira reagimos àqueles que nos hostilizam? O que dizemos àqueles que são vítimas de crime, abandono, calúnia, traição ou maus tratos? Aqui está o ponto de partida: continuamos focados na cruz – as costas dilaceradas de Cristo. Quando fazemos isso, o resultado é quádruplo.

Em primeiro lugar, as costas dilaceradas de Cristo nos capacitam a escapar da prisão do passado. Como? Cristo, agora, molda nossa identidade. Somos um com ele em sua morte, sepultamento e ressurreição. Pelo fato de sermos um com ele, somos justificados à vista de Deus e adotados na família de

Deus. Isso faz com que sejamos os *amados* de Deus. Não mais nos definimos segundo o critério daqueles que nos maltrataram no passado. Que tremendo incentivo para aqueles que foram vítimas de indizíveis maus tratos. Essas experiências não determinam seu valor nem definem sua identidade. Você é um com Cristo. Você se define por aquilo que Deus, em Cristo, diz a seu respeito.

Em segundo lugar, as costas dilaceradas de Cristo levam-nos a pôr um fim no ódio e na amargura. Elas nos capacitam a mortificar – ou destruir – o desejo de vingança pessoal. Nós não pagamos o mal com o mal (Rm 12.17). Uma indisposição de acabar com o desejo de vingança arrebenta a porta do coração, deixando-a escancarada para que outros pecados entrem. Uma indisposição para mortificar o desejo de vingança revela um orgulho profundamente arraigado e impede o crescimento e a maturidade espirituais. Uma indisposição de suprimir o desejo de vingança deprecia a graça de Deus conforme é revelada no evangelho. Aos pés da cruz, somos humilhados. Na sombra da cruz, Cristo produz mansidão, capacitando-nos a buscar aquilo que é bom em favor dos outros.

Em terceiro lugar, as costas dilaceradas de Cristo nos compelem a oferecer perdão *condicional*. Quando contemplamos a cruz, somos esmagados até o chão. Vemo-nos subjugados pelo amor de Deus por nós. E somos compelidos a estender a compaixão aos outros – mesmo àqueles que nos odeiam e maltratam: "perdoando-vos uns aos outros, como também Deus, em Cristo, vos perdoou" (Ef 4.32). De que forma Deus nos perdoa? Onde há arrependimento, aí há perdão. Onde existe perdão, aí há restauração. Isso é uma transação. Nós oferecemos esse mesmo perdão condicional àqueles que nos tratam mal. Se eles se arrependem, nós os perdoamos. E se eles não se arrependerem? Bem, isso nos leva ao próximo ponto.

Em quarto lugar, as costas dilaceradas de Cristo nos fortalecem para aguardar pelo Vingador. "não vos vingueis a vós mesmos, amados, mas dai lugar à ira; porque está escrito: A mim me pertence a vingança; eu é que retribuirei, diz o Senhor" (Rm 12.19). Embora possa parecer que os que maltratam os outros e deles abusam estejam escapando das consequências das suas ações, Paulo nos garante que Deus é um glorioso Vingador. No caso daqueles que não se arrependem, não há perdão – e sim a inevitável expectação do juízo.

Esse era o ponto de vista do próprio Paulo. Em certa ocasião, ele escreve: "Alexandre, o latoeiro, causou-me muitos males; o Senhor lhe dará a paga segundo as suas obras" (2Tm 4.14). De que maneira Alexandre maltratou Paulo? Calúnia? Aprisionamento? Tortura? Nós não sabemos os detalhes, mas sabemos que foram "muitos males". Agora, note bem: Paulo não perdoa Alexandre. Ele não lhe oferece perdão *incondicional*. Sem dúvida alguma, Paulo mortificou seu desejo de vingança pessoal e teria sido bondoso para com Alexandre se houvesse a oportunidade. Sem dúvida alguma, Paulo teria perdoado Alexandre se ele tivesse se arrependido de seu pecado. Mas, sem arrependimento, não é possível o verdadeiro perdão bíblico. E, dessa forma, o que é que conforta Paulo diante do pecado obstinado de Alexandre? Paulo descansa no fato incontestável de que Deus "lhe dará a paga segundo as suas obras".

"O terrível Vingador deve ser louvado", diz C. H. Spurgeon, "bem como o amoroso Redentor. A compaixão do coração perverso e pecaminoso do homem se rebela contra isso. Ele clama por um Deus efeminado em quem a compaixão sufocou a justiça. Mas os servos de Jeová bem instruídos o louvam em todos os aspectos do seu caráter, quer sejam terríveis, quer compassivos."[60]

---

60 Conforme citado por William MacDonald em *Alone in Majesty: The Attributes of a Holy God* (Nashville: Thomas Nelson, 1994), 120–21.

# CAPÍTULO 11

# Confissão de pecado

## Salmo 130

1 *Das profundezas clamo a ti, SENHOR.*
2 *Escuta, Senhor, a minha voz; estejam alertas*
*os teus ouvidos às minhas súplicas.*
3 *Se observares, SENHOR, iniquidades,*
*quem, Senhor, subsistirá?*
4 *Contigo, porém, está o perdão, para que te temam.*
5 *Aguardo o SENHOR, a minha alma o*
*aguarda; eu espero na sua palavra.*
6 *A minha alma anseia pelo Senhor mais do que*
*os guardas pelo romper da manhã. Mais do*
*que os guardas pelo romper da manhã,*
7 *espere Israel no SENHOR, pois no SENHOR há*
*misericórdia; nele, copiosa redenção.*
8 *É ele quem redime a Israel de todas as suas iniquidades.*

Pelo que tenho lido, o Salmo 130 era o favorito de Agostinho, de Martinho Lutero e de João Calvino. Sei que nem todo o mundo se impressiona quando ouve esses três nomes, mas considero extremamente significativo que esses eminentes teólogos tivessem tão elevada consideração para com este salmo. Um dos maiores teólogos da história do mundo de fala inglesa, John Owen, publicou um livro de 320 páginas sobre este salmo no ano de 1668. O salmo lhe era precioso porque Deus o havia usado poderosamente num momento crítico da sua vida.

Owen relembra:

> Preguei Cristo por alguns anos, numa época em que possuía muito pouco (se é que eu tinha) conhecimento experimental com respeito ao acesso a Deus por meio de Cristo. Mas o Senhor se agradou de me visitar com pesarosa aflição, por meio da qual fui trazido à beira da sepultura, e sob a qual minha alma foi oprimida com horror e trevas. Mas Deus graciosamente socorreu meu espírito por meio de uma poderosa aplicação do Salmo 130.4: "Contigo, porém, está o perdão, para que te temam".[61]

Espero que o testemunho pessoal de Owen tenha criado em você um senso de antecipação, mas precisamos começar fazendo algumas observações introdutórias com respeito ao assunto e ao estilo do salmista. O tema do Salmo 130 é o arrependimento, um assunto que, infelizmente, não é muito popular. Muitas pessoas estão iludidas por aquilo que se conhece como a doutrina do "bem-estar do perdão automático". Em suma, elas creem num evangelho que promete perdão sem exigir mudança. Elas estão tristemente enganadas. Não devemos confundir o arrependimento com o pesar – estar *mentalmente* triste. Assim, também, não devemos confundir o arrependimento com o remorso – estar triste *mental* e *emocionalmente*. O arrependimento é estar triste *mental, emocional* e *volitivamente*. Em outras palavras, o arrependimento envolve mudança. Não devemos nos enganar: só estamos arrependidos de nosso pecado quando estamos preparados para abandoná-lo.

Em seguida, consideremos o estilo do salmista, que é extremo – no bom sentido da palavra. Ele nos conduz das profundezas do desespero para as alturas do júbilo; da tristeza para a exultação; da tribulação para a devoção. Ele nos conduz das profundezas esmagadoras da depravação humana para as subli-

---

61 Owen, *Works*, 6:324.

mes elevações da misericórdia de Deus. Como é que ele consegue isso? Tudo começa com um clamor.

## O clamor do salmista por Deus (v. 1-2)

"Das profundezas clamo a ti, SENHOR. Escuta, Senhor, a minha voz; estejam alertas os teus ouvidos às minhas súplicas."

Aqui, o salmista clama a Deus. Por quê? Como? O quê? Isso é o que desejamos saber.

*Por que ele clama (v. 1)*

"Das profundezas clamo a ti, SENHOR."

O que são essas "profundezas"? Encontramos linguagem semelhante no Salmo 88.6-7: "Puseste-me na mais profunda cova, nos lugares tenebrosos, nos abismos. Sobre mim pesa a tua ira; tu me abates com todas as tuas ondas". Acredito que seja a mesma ideia em nosso versículo – ou seja, as "profundezas" falam das ondas do desprazer de Deus contra o pecado do salmista. À medida que as ondas o cercam, ele sente como se estivesse afundando. Ou seja, ele luta com uma consciência perturbada, uma mente atormentada e um coração atribulado.

Agora, esta descrição gráfica da confusão espiritual é um problema para alguns cristãos. Será que Deus realmente coloca seu povo nas profundezas do abismo e os sobrecarrega com as ondas do seu desprazer? Para muitas pessoas, essas coisas são inimagináveis. Elas estão totalmente convictas de que Deus nunca trata o seu povo dessa forma. Eu discordo. Admito que essa é uma *verdade complicada*; por isso vou apresentá-la aos poucos fazendo algumas perguntas. Será que Deus ama você? Ele o ama mesmo quando você peca? Será que Deus nunca se ira com você ou se desagrada de você? Você tem resposta para essas perguntas? Muito bem. Algum tempo atrás, sentei-me com um homem – alguém que se diz cristão e é um conhecido adúltero. Eu lhe disse que Deus estava desgostoso com ele – estava até mesmo irado com ele. O homem ficou chocado – ofendido. Ele começou a citar Romanos 8.39: nada "poderá separar-nos do amor de Deus, que está em Cristo Jesus, nosso Senhor", e insistiu que Deus o amava, e nunca se desgostava dele. Será que isso é verdade? Talvez. Depende do que nós queremos dizer com *amor*. Aqui está a *verdade complicada*: Deus ama seu povo de duas maneiras.

Em primeiro lugar, Deus ama seu povo *de maneira incondicional*. Isso se refere ao prazer que Deus sente em seu povo pelo fato de estarmos em Cristo. Este amor não muda. Ele não pode aumentar nem diminuir. E é isso o que Paulo tem em mente em Romanos 8.39. Conta-se uma história a respeito de Charles Spurgeon andando no campo com um amigo. Conforme passeavam, o famoso evangelista avistou um celeiro com um cata-vento no telhado. No topo do cata-vento viam-se estas palavras: "Deus é amor". Spurgeon disse ao seu companheiro que ele achava ser esse um lugar impróprio para uma mensagem dessas. "Os cata-ventos são inconstantes, mas o amor de Deus é constante", disse ele. Seu amigo replicou: "Não concordo com você a respeito destas palavras, Charles". "Você entendeu mal o significado. Aquela placa está indicando uma verdade maravilhosa: Não importa para que lado sopre o vento, Deus é amor."

Em segundo lugar, Deus ama seu povo *de maneira condicional*. Deus se alegra na santidade que cresce em seu povo a partir da semente da sua graça. Este amor muda. Ele pode aumentar ou diminuir. Cristo declara: "Aquele que tem os meus mandamentos e os guarda, esse é o que me ama; e aquele que me ama será amado por meu Pai, e eu também o amarei e me manifestarei a ele" (Jo 14.21). Além disso, ele declara: "Se guardardes os meus mandamentos, permanecereis no meu amor" (Jo 15.10). Claramente, o amor que Cristo descreve aqui depende da obediência.

Assim, Deus ama seu povo de duas maneiras. Você ainda está me acompanhando? Quando desobedecemos a Deus, o que acontece? Por um lado, o amor de Deus por nós não muda. Esse é o seu amor *incondicional* – seu prazer em nós em Cristo. Por outro lado, seu amor por nós muda. Esse é o seu amor *condicional* – seu prazer na santidade em nós. Para o cristão, existe aquilo que John Owen chama de "um senso contínuo, residente do amor de Deus no coração".[62] Mas ele é condicional, ou seja, podemos perdê-lo por conta de nosso pecado. Quando isso acontece, o resultado é perturbação, ansiedade e inquietação. Essa é a experiência do salmista. Ele sente como se estivesse afundando nas ondas do desprazer de Deus. Em decorrência disso, ele clama das profundezas.

Você já teve alguma experiência assim? Noites insones, nervos desgastados, mudanças de humor? Sem falar na cara comprida, uma falta de alegria e paz, falta de vontade de orar e estudar, fuga de coisas mais profundas, ou uma indisposição de chegar perto dos outros por medo de ser descoberto? Você já evitou a comunhão com outros cristãos ou repudiou a piedade considerando-a como legalismo e extremismo? E a dureza ao censurar os outros? Você sabe o que são essas coisas? São sinais de uma consciência atribulada, coisas que vem de uma recusa de lidar com pecados passados, de mortificar paixões do presente, de acabar com preocupações futuras, ou de obedecer ao que Deus ordena. Seu pecado sufocou sua alegria desse "contínuo senso do amor de Deus no coração". Sem rodeios: você está nas profundezas!

### Como ele clama (v. 2)

"Escuta, Senhor, a minha voz..."

O salmista suplica a Deus que o "ouça", e não tenta diminuir a gravidade do seu pecado. Ele não manifesta nem um pouco de arrogância ou algum sentimento de direito. Que exemplo para aqueles que tentam desculpar os próprios pecados. Alguns de nós fazem isso convencendo-se de que seus pecados dependem das circunstâncias: "Sou vítima de circunstâncias que estão fora do meu controle! Se as coisas fossem diferentes, eu não faria as coisas que faço". Será? Eis uma notícia de última

---

62 Owen, *Works*, 6:334.

hora: as circunstâncias não nos fazem agir como agimos, mas elas nos mostram aquilo que já somos. Thomas Watson diz: "A água no copo parece limpa, mas coloque-a no fogo, e a sujeira logo se mostrará com a fervura".[63]

Alguns de nós desculpam o próprio pecado alegando que é seguro fazer parte de um grupo numeroso: "Todo mundo faz isso. Eu simplesmente sou igual a qualquer pessoa. Assim, por que tenho de me preocupar com isso?" Esse tipo de raciocínio está cheio de falhas. Um paciente com câncer não recebe conforto nenhum do fato que muita gente sofre dessa doença. Se nos tranquilizamos olhando quantas pessoas cometem o mesmo pecado que nós, estamos enganando a nós mesmos.

Alguns de nós desculpam o próprio pecado convencendo--se de que ele é comparativamente muito pequeno: "Eu nunca fiz o que aquela pessoa fez. Meus pecados são pequenos em comparação com os que ela cometeu". Quando caímos nesse tipo de raciocínio, estamos apenas acrescentando a justiça própria à nossa longa lista de pecados. Tornamo-nos como o fariseu: "Ó Deus, graças te dou porque não sou como os demais homens" (Lc 18.11).

Alguns desculpam o próprio pecado convencendo-se de que ele é absolutamente normal: "Errar é humano. Então, o que estão esperando?" Isso reflete um terrível erro no entendimento da natureza do pecado. Deus fez Adão e Eva perfeitos, ou seja, sua natureza humana era perfeita. A natureza humana decaída é resultado da Queda. Por essa razão, o pecado não é um testemunho da nossa humanidade, mas da nossa depravação. Em outras palavras, não existe nada *normal* com respeito ao pecado.

O salmista não faz uso desse tipo de desculpas para seu pecado. Ele sabe que ofendeu a Deus, e sabe o que merece. Ele não faz barganhas nem negocia. Ele não minimiza nem banaliza o pecado. Ele não tenta nem se desculpar nem se justificar.

---

63 Thomas Watson, *All Things for Good* (1663; reimpr., Edimburgo: Banner of Truth, 1994), 28.

Ele sabe que o peso da *culpa está* sobre sua cabeça. O fardo é grande demais para carregar. E, assim, ele suplica que Deus ouça a sua voz.

*O que ele implora (v. 2)*

"... estejam alertas os teus ouvidos às minhas súplicas."

Aqui, descobrimos o conteúdo do clamor do salmista: ele quer misericórdia. A graça de Deus é a sua bondade concedida *sem mérito nenhum*, mas sua misericórdia é sua bondade concedida *em oposição ao mérito*. Como pecadores, a única coisa que merecemos da parte de Deus é o castigo. Por isso, toda vez que provamos sua bondade, isso é expressão da sua misericórdia. O salmista deseja que Deus lide com ele com base na misericórdia – de forma contrária ao que ele merece.

Devido ao nosso pecado, essa é a única súplica que podemos fazer a Deus. Quando o fariseu e o coletor de impostos foram ao templo para orar, eles se aproximaram de Deus de dois pontos de vista muito diferentes (Lc 18.10-13). O fariseu se coloca de pé diante de Deus com base em seu próprio mérito: "Deus, eu te dou graças porque não sou como os demais homens". Mas o coletor de impostos pede a Deus que lide com ele de forma contrária ao mérito: "Deus, sê misericordioso comigo, pecador!" Como John Bunyan corretamente observa, o fariseu e o coletor de impostos são "dois homens em cuja condição o mundo inteiro está inserido".[64] Em outras palavras, existem apenas dois tipos de gente no mundo: Fariseus – os orgulhosos que desconhecem os seus pecados – e os coletores de impostos – os humildes que confessam seus pecados. Qual dos dois retornou para casa "justificado"? O coletor de impostos! Cristo declara: "todo o que se exalta será humilhado; mas o que se humilha será exaltado".

---

64 John Bunyan, *The Miscellaneous Works of John Bunyan*, 12 vols., org. Owen Watkins (Oxford: Clarendon, 1988), 10:111.

## O salmista recorre a Deus (v. 3-4)

"Se observares, Senhor, iniquidades, quem, Senhor, subsistirá? Contigo, porém, está o perdão, para que te temam."

Sob profunda convicção de pecado, o salmista suplica misericórdia a Deus. Ele está confiante de que Deus o atenderá. Por quê? Ele compreende a natureza do perdão de Deus.

### *A necessidade do perdão de Deus (v. 3)*

"Se observares, Senhor, iniquidades, quem, Senhor, subsistirá?"

Na primeira parte desta frase, o salmista se dirige a Deus chamando-o de "Senhor" (*Yah*), com isso apontando para a eternidade e a imortalidade de Deus. Seu ponto é que Deus vê todas as coisas. Na segunda parte da frase, o salmista se dirige a Deus chamando-o de "Senhor" (*Adonai*), com isso apontando para a autoridade e a soberania de Deus. Sua ênfase é que Deus julga todas as pessoas. Ali está, então, o que John Owen chama de "uma dupla sinalização do pecado".[65] Deus vê e julga as nossas iniquidades.

A ênfase do salmista é evidente: se este Deus que vê todas as coisas e julga todas as coisas fosse "marcar" (i.e., reservar para juízo) nossas iniquidades, não seríamos capazes de subsistir – falando em termos judiciais – em sua presença nem por um momento sequer. Em outras palavras, se Deus nos tratasse com base naquilo que de fato merecemos, sua santidade nos consumiria. Esta dura realidade serve para destacar a próxima frase do salmista. Lembro-me de quando estava escolhendo um anel de noivado cerca de vinte e cinco anos atrás. Quando entrei na joalheria do centro comercial da cidade, percebi que todos os anéis estavam dispostos num pano de fundo de veludo preto. Por quê? O tom negro destacava a beleza e o brilho dos diamantes. É isso o que temos nesta declaração. O salmista usa a escuridão da nossa iniquidade e a certeza do juízo de Deus para magnificar a beleza do perdão de Deus.

---

65 Owen, *Works*, 6:360.

*A certeza do perdão de Deus (v. 4)*

"Contigo, porém, está o perdão..."

Basicamente, a ênfase do salmista é que o perdão é a natureza de Deus. "Senhor, Senhor Deus compassivo, clemente e longânimo e grande em misericórdia e fidelidade; que guarda a misericórdia em mil gerações, que perdoa a iniquidade" (Êx 34.6-7). Pelo fato de o perdão ser da natureza de Deus, ele é perdoador. Não precisamos adulá-lo nem convencê-lo para que nos perdoe. Por essa razão, o salmista está confiante que – como ele das profundezas clama por misericórdia – Deus o ouvirá.

*O efeito do perdão de Deus (v. 4)*

"... para que te temam."

Já vimos o que significa temer a Deus quando estudamos o Salmo 128 e notamos que o temor piedoso procede de uma experiência com a bondade de Deus. Percebemos que colocamos a nós mesmos onde Deus merece estar – no trono, e que Deus colocou a si mesmo onde nós merecemos estar – na cruz. Por meio da graça soberana, ele nos fez um com seu Filho amado. Em decorrência disso, desfrutamos dos benefícios da cruz porque seu perdão suplanta nossa pecaminosidade, e sua justiça suplanta nossa corrupção. A partir de um profundo senso de temor respeitoso e reverência, nós o tememos. Esforçamo-nos para fazer o que lhe agrada e evitar aquilo que lhe desagrada. Em outras palavras, esforçamo-nos para "andar em seus caminhos". Dissemos tudo isso para dizer que o perdão de Deus transforma. Ele faz com que o temamos. Tememos perder um olhar do seu amor, uma palavra da sua bondade, um toque da sua ternura. John Owen diz: "Um grande amor brota de um grande perdão".[66]

Esse efeito transformador do perdão é crucial. Por quê? Porque muita gente *lamenta* os seus pecados. Lamenta suas pobres escolhas e a confusão que fizeram da própria vida. Lamen-

---

66 Owen, *Works*, 6:396.

tam as consequências negativas dos seus pecados – o sofrimento, a decepção, a frustração e a vergonha. Quando lamentamos, sentimos a dor, a angústia e o desconforto e queremos que a confusão desapareça. Estamos frustrados e perplexos e gostaríamos que as coisas fossem diferentes. Mas não devemos confundir a lamentação com o arrependimento. Esaú se lamentou. Saul se lamentou. Acabe se lamentou. Judas se lamentou. Mas nenhum deles jamais se arrependeu.

Nós nos arrependemos quando vemos nosso pecado sem dar desculpas. Quando Adão e Eva viram seu pecado no Jardim, apresentaram um monte de desculpas (Gn 3.9-13). Adão culpou Eva, e Eva culpou a serpente. Seus descendentes imitam o exemplo deles desde então, inventando mil desculpas para seus próprios pecados. Nós somos um poço sem fundo de desculpas. Mas, quando o Espírito Santo opera em nosso coração, as desculpas cessam. Vemos nosso pecado como Deus o vê e entendemos que ele brota do nosso coração, que se afastou de Deus. O pecado é rebelião contra a soberania de Deus, arrogância contra o poder de Deus, injustiça contra a justiça de Deus. É ignorância contra a sabedoria de Deus, teimosia contra a vontade de Deus, perversidade contra a bondade de Deus, transgressão da lei de Deus. O pecado é ódio contra o amor de Deus e assassinato contra o ser de Deus. Quando vemos nosso pecado como ele de fato é, clamamos das profundezas juntamente com Davi: "Pequei contra o SENHOR" (2Sm 12.13). Regozijando-nos na glória do perdão de Deus, nós o tememos por perdoar nosso pecado. Isso é arrependimento.

## A esperança do salmista em Deus (v. 5-6)

"Aguardo o SENHOR, a minha alma o aguarda; eu espero na sua palavra. A minha alma anseia pelo Senhor mais do que os guardas pelo romper da manhã. Mais do que os guardas pelo romper da manhã..."

Três vezes, nestes versículos, o salmista diz que "espera" por Deus. À primeira vista, isso pode parecer confuso. Ele clamou a Deus por misericórdia e recorreu a Deus em busca de perdão. Será que ele não recebeu essas coisas? Sim, recebeu. E então, por que ele está esperando por Deus? Não podemos deixar de perceber o seguinte: no que diz respeito ao salmista, a misericórdia e o perdão de Deus são apenas meios para um fim e esse fim é Deus. A ausência de Deus da alma do salmista é o que o lançou inicialmente nas profundezas. Agora, ele está esperando o retorno da presença refrescante e confortante de Deus. Ele está aguardando o retorno de "um senso contínuo, que mora no amor de Deus no coração". De que forma ele aguarda?

Em primeiro lugar, ele aguarda *com confiança*: "Aguardo o Senhor, a minha alma o aguarda; eu espero na sua palavra". A espera do salmista não é sem fundamento nem é sem propósito, mas tem um objetivo certo: a Palavra de Deus. Ele sabe que Deus prometeu perdoar aqueles que se arrependem. Além disso, o salmista espera *ansiosamente*: "A minha alma anseia pelo Senhor mais do que os guardas pelo romper da manhã. Mais do que os guardas pelo romper da manhã". Muitos anos atrás passei um verão trabalhando no Ontario Hydro em Toronto. Trabalhei num turno de revezamento de três semanas: das 8 às 16h, das 16 à 0h, e de 0 às 8h. A primeira noite do terceiro turno quase me matou, porque eu fiquei acordado 24 horas direto. Alguns de vocês sabem como é. Meus olhos estavam pesados, minha cabeça, confusa, e meu corpo, cansado. Eu esperava ansiosamente o amanhecer. Essa é a ideia aqui. O salmista sabe que Deus está vindo, e, assim, ele aguarda ansiosamente, inquietamente, com expectativa. Quando Deus retorna, o salmista vai das profundezas do desespero às alturas do entusiasmo.

## O convite do salmista (v. 7-8)

"... espere Israel no Senhor, pois no Senhor há misericórdia; nele, copiosa redenção. É ele quem redime a Israel de todas as suas iniquidades."

A experiência do salmista com a misericórdia de Deus transborda em um convite: "Ó Israel, espere no SENHOR!" Ele apresenta dois poderosos incentivos para fazer isso.

### Por que Deus perdoa (v. 7)

"pois no SENHOR há misericórdia..."

Você lembra a distinção entre o amor condicional de Deus e o seu amor incondicional? Aqui estamos dando ênfase neste último, no amor imutável e inabalável amor de Deus por nós em Cristo. Com a finalidade de avaliarmos o constante amor (*hesed*) de Deus, precisamos fazer distinção entre o amor humano e o amor divino.[67] Como seres humanos, precisamos de amor da mesma forma que precisamos de alimento e água. Não conseguimos viver sem ele. Por essa razão, quando amamos aos outros, esperamos que nos amem de volta, ou seja, nosso amor é, sempre, em certo grau, egoísta. Mas o amor de Deus não é assim. Ele nunca é egoísta, nunca está a serviço de si mesmo. Como cristãos, cremos que Deus é Trino. Confessamos isso no Credo Apostólico e quando somos batizados em nome do Pai e do Filho e do Espírito Santo (Mt 28.19). Cremos que o Pai é Deus, o Filho é Deus, e o Espírito Santo é Deus. Também cremos que o Pai não é o Filho, o Filho não é o Espírito Santo, e o Espírito Santo não é o Pai. Em outras palavras, cremos que Deus é três pessoas distintas em uma só substância.

A triunidade de Deus é essencial para compreender o seu amor. Por quê? É que ela significa que Deus mesmo é o objeto do seu amor. O Pai, o Filho e o Espírito Santo vivem numa eternidade de alegria mútua. Isso significa que Deus está satisfeito consigo mesmo. E isso significa que ele não precisa nos amar nem precisa que nós o amemos. Em suma, ele não ganha nada pelo fato de nos amar. Essa compreensão deve nos confortar, porque esse é o tipo de amor de que precisamos. Preci-

---

67 Sou grato a Timothy Keller pela maneira que ele tratou este assunto em *King's Cross: The Story of the World in the Life of Jesus* (Nova Iorque: Penguin, 2011), 98–99.

samos de alguém que nos ame que, na verdade, não precise de nós. Deus tem, em si mesmo, esse tipo de amor. E aqui está algo maravilhoso: ele o derrama em profusão sobre nós. Não precisamos merecê-lo nem ser dignos do amor de Deus. Não precisamos nos preocupar achando que o amor de Deus por nós sofra mudança. Não precisamos nos preocupar achando que o amor de Deus por nós dependa da maneira como nos comportamos. Por quê? Porque o amor de Deus por nós em Cristo é constante.

*Como Deus perdoa (v. 8)*

"... nele, [há] copiosa redenção."

O que o salmista sabe a respeito da redenção? Ele sabe muita coisa. A Festa da Páscoa, por exemplo, revelava claramente a natureza da redenção. Antes do Êxodo, Deus enviou dez pragas sobre a terra do Egito, encerrando essa série com a morte dos primogênitos. Com a finalidade de escaparem desse juízo específico, os israelitas tiveram de celebrar a Páscoa selecionando um macho sem defeito de entre os carneiros ou bodes, matá-lo, e então marcar com sangue as ombreiras e as vergas das suas portas. Por causa desse sangue, Deus poupou os primogênitos dos israelitas. Não foram suas obras que os salvaram, mas sim a aspersão do sangue. Eles eram pecadores, assim como o eram os egípcios, e Deus, em sua justiça, poderia tê-los punido tirando a vida também dos seus primogênitos. Mas ele se agradou em mostrar misericórdia, aceitando a vida do cordeiro pascal como substituto.

A Páscoa tornou-se uma das sete festas anuais celebradas pelos israelitas. Junto com um complexo sistema sacrificial, essas festas forneciam um vislumbre da natureza da redenção: "Porque a vida da carne está no sangue. Eu vo-lo tenho dado sobre o altar, para fazer expiação pela vossa alma, porquanto é o sangue que fará expiação em virtude da vida" (Lv 17.11). O sistema todo encorajava o crente israelita a olhar para frente em antecipação do libertador prometido de Deus.

Com a chegada de Cristo, a sombra deu lugar ao corpo (Cl 2.17). *Veja a dica de viagem n.º 2.* Paulo afirma que "Cristo, nosso cordeiro pascal" foi sacrificado (1Co 5.7). Quando Cristo derramou seu sangue, sofreu o castigo pelo nosso pecado, o qual Cristo considerou como seu. A justiça ofendida de Deus foi plenamente satisfeita pelo sacrifício de Cristo sob o juízo divino que, com justiça, pertencia a nós. Por isso cantamos:

Meu pecado – Oh, a felicidade desse glorioso pensamento:
Meu pecado, não em parte, mas por completo,
Foi pregado na cruz, e não mais o carrego,
Louvado seja o Senhor, louvado seja o Senhor, ó minha alma![68]

Com base nesse fundamento, Deus – "em sua divina clemência" – não levou em conta os pecados passados (Rm 3.25). Isso significa que ele não levou em conta os pecados do seu povo – Noé, Abraão, Sara, Isaque, Jacó, Moisés, Raabe, Rute, Davi e outros. Ele os perdoou com base naquilo que Cristo estava por realizar na cruz. O perdão não significa que Deus age como se nada tivesse acontecido, nem significa que ele minimiza as consequências dos nossos pecados. O significado do perdão é que Deus elimina a obrigação de punir com base na obra redentora de Cristo.

## Conclusão

Essa é a motivação de que precisamos para clamar a Deus a partir das profundezas de uma consciência perturbada, uma mente atormentada, e um coração atribulado. Quando pecamos, somos culpados de desobedecer a lei de Deus, de não fazer caso da bondade de Deus, e de entristecer o Espírito de Deus. Além disso, somos culpados de provocar aquele que é a fonte de toda a vida, luz, alegria, paz e conforto. Mas clamamos a Deus

---

68  Horatio Spafford, "It is Well with My Soul", 1873.

em busca de misericórdia, sabendo que ele nos redime de todas as nossas iniquidades.

A redenção é a maior obra de Deus, ela supera as suas obras de criação e providência. Ela é sua obra-prima, pois revela suas multiformes perfeições, a que lhe dá o maior prazer e a maior glória. Você se encontra nas garras da preocupação, da luxúria, da inveja, da ira, da amargura? Você está lutando com algum vício? Está em primeiro lugar preocupado com sua comodidade e conforto? Você é culpado de tolerância sexual? Seus padrões de pensamento e vida são tipicamente destrutivos? Você está nas profundezas? "... espere Israel no SENHOR, pois no SENHOR há misericórdia; nele, copiosa redenção."

# CAPÍTULO 12

# Cultivar a esperança

## Salmo 131

*1 SENHOR, não é soberbo o meu coração, nem altivo
o meu olhar; não ando à procura de grandes coisas,
nem de coisas maravilhosas demais para mim.*
*2 Pelo contrário, fiz calar e sossegar a minha alma; como
a criança desmamada se aquieta nos braços de sua
mãe, como essa criança é a minha alma para comigo.*
*3 Espera, ó Israel, no SENHOR, desde agora e para sempre.*

Viktor Frankl, um neurologista e psiquiatra austríaco, escreveu a respeito dos anos em que ficou prisioneiro nos horrores de Auschwitz e Dachau, descrevendo o frio, o medo, a dor, os insetos, a inanição, a exaustão, mas disse que sobreviveu porque nunca perdeu a esperança. Ele também escreveu o que acontecia quando um prisioneiro perdia a esperança: ele se recusava a sair da cama, recusava-se a vestir-se ou lavar-se, fazendo-se de surdo aos amigos que tentavam ajudá-lo e às ameaças dos seus captores. Ele simplesmente ficaria deitado na cama até morrer, uma vez que perdesse toda a esperança.[69]

A esperança é absolutamente essencial para os cristãos. Quando ela se enfraquece, o resultado é sempre o mesmo: a inércia espiritual. É imperativo, portanto, lembrar que estamos numa jornada – e ainda bem longe de casa – e que a esperança

---

69 Victor Frankl, *Man's Search for Meaning* (Nova Iorque: Washington Square, 1984), 163.

é o combustível que nos mantém em movimento. Nós precisamos conservá-la e alimentá-la. Mas o que é, exatamente, a esperança? Muitas vezes, nosso entendimento do que é a esperança é confuso e desajeitado, e assim quase não compreendemos seu conceito correto. Será que esperança é acreditar que determinada coisa possa acontecer? Será que é esperar que as coisas vão melhorar? É desejar alguma coisa contra todas as probabilidades? É manter uma atitude alegre a despeito do que acontece? Não, não é nenhuma dessas coisas. Em suma, esperança é aguardar confiantemente e com expectativa aquilo que Deus prometeu. *Veja a dica de viagem n.º 3.* Note duas coisas a respeito desta definição.

Para começar, isso significa que a esperança encontra-se fundamentada nas promessas de Deus: "Pois tudo quanto, outrora, foi escrito para o nosso ensino foi escrito, a fim de que, pela paciência e pela consolação das Escrituras, tenhamos esperança" (Rm 15.4). A Bíblia nos mostra o que Deus prometeu. Ele prometeu bênçãos espirituais eternas – de forma incondicional (Ef 1.3). E ele prometeu bênçãos temporais presentes – de forma condicional (Mt 6.33). Essas bênçãos de hoje são concedidas com base naquilo que ele considera melhor para sua eterna glória e nosso bem espiritual.

Além disso, a definição acima significa que a esperança está alicerçada nos atributos de Deus: "Somente em Deus, ó minha alma, espera silenciosa, porque dele vem a minha esperança" (Sl 62.5). Não existe esperança se Deus não é imutável; suas promessas poderiam ser alteradas. Não há esperança se Deus não é soberano; suas promessas poderiam ser frustradas. Não há esperança se Deus não é onisciente; suas promessas poderiam ser mal direcionadas. Não existe esperança se Deus não é onipotente; suas promessas poderiam ser obstruídas. Mas ele é todas essas coisas – e muito mais. "Pois quem nos céus é comparável ao Senhor? Entre os seres celestiais, quem é semelhante ao Senhor?" (Sl 89.6). O mais poderoso dos anjos e o maior dos seres humanos não passam da sombra de uma sombra em comparação com Deus, e menos do que nada em relação a ele. Somente Deus é infinito em poder, sabedoria e bondade.

Esse tipo de esperança serve de âncora para a alma: "a fim de lançar mão da esperança proposta; a qual temos por âncora da alma, segura e firme e que penetra além do véu, onde Jesus, como precursor, entrou por nós" (Hb 6.18b-20a). Para que serve a âncora? Ela mantém o navio estável em águas turbulentas. Dessa mesma forma, a esperança fornece estabilidade quando as circunstâncias da vida ameaçam nos submergir.

Essa é a razão por que Davi declara no Salmo 131: "Espera, ó Israel, no SENHOR, desde agora e para sempre" (v. 3). Ele encoraja o povo de Deus a esperar confiantemente e com expectativa aquilo que Deus prometeu. De que forma? Encontramos a resposta na primeira parte do Salmo. Basicamente, Davi afirma que precisamos lidar com duas coisas. Em primeiro lugar, precisamos lidar com nosso orgulho subjugando e humilhando nosso coração (v. 1). Em segundo lugar, precisamos lidar com a providência de Deus acalmando e sossegando nossa alma (v. 2). É impossível esperar com confiança e expectativa aquilo que Deus prometeu quando nosso coração está cheio de orgulho e atribulado.

## Subjugar e humilhar o coração (v. 1)

"SENHOR, não é soberbo o meu coração, nem altivo o meu olhar; não ando à procura de grandes coisas, nem de coisas maravilhosas demais para mim."

Neste versículo, Davi afirma três coisas – cada uma delas revela algo a respeito da natureza do orgulho. A afirmação de Davi de que seu "coração não é soberbo" revela que o orgulho é congênito; ou seja, ele reside no coração. A afirmação de Davi de que seu olhar não é altivo revela que o orgulho normalmente conduz à ambição – desejando aceitação, admiração e bajulação. E a afirmação de Davi de que ele não anda "à procura de grandes coisas" revela que o orgulho normalmente conduz à presunção – desejando "grandes" coisas e procurando coisas "maravilhosas".

No final das contas, o orgulho é o pior pecado de todos. Satanás se rebelou porque quis ser igual a Deus. Adão e Eva fizeram a mesma coisa. Desde então, o homem tem estado apaixonado *por si mesmo*. Em seu estado de inocência no jardim, Adão e Eva eram dirigidos por um amor próprio *verdadeiro*. Eles amavam a felicidade. Pelo fato de verem Deus como seu maior bem – sua maior fonte de felicidade – eles amavam a Deus e, por essa razão, seus sentimentos eram corretamente dirigidos. Mas, desde a Queda, nossa alma foi direcionada por um amor próprio *falso*. Nós ainda amamos a felicidade. Mas, não vemos mais Deus como o maior bem; em vez disso, vemos a nós mesmos nessa função. Pelo fato de não mais amarmos a Deus, nossos sentimentos são mal direcionados.

Esse amor colocado no lugar errado encontra-se na raiz de todo e qualquer pecado e se opõe a Deus usurpando-lhe a glória. Essa é a razão por que o orgulho é objeto do ódio de Deus (Pv 16.5). Thomas Manton adverte: "Deus detesta os outros pecadores, mas contra o orgulhoso ele declara aberta oposição e hostilidade".[70] O orgulho é nosso maior problema – não saúde débil, filhos rebeldes, vizinhos difíceis, relacionamentos quebrados, problemas financeiros, sonhos desfeitos ou aflições assustadoras.

Davi sabe disso, e sabe que seu orgulho torna impossível "esperar no Senhor" no meio da aflição. Assim, ele alega ter subjugado e humilhado o próprio coração. Isso não é alegar perfeição, mas é um reconhecimento de sua busca sincera da humildade. De acordo com Jonathan Edwards, humildade é "um hábito da mente e do coração em harmonia com nossa comparativa indignidade e vileza diante de Deus, ou um senso de nossa própria miséria diante dele, com a disposição de agir de forma adequada a isso".[71] Ed-

---

70 Thomas Manton, *An Exposition of the Epistle of James* (Londres: Banner of Truth), 353.

71 Jonathan Edwards, *Charity and Its Fruits: Christian Love as Manifested in the Heart and Life* (1852; reimpr., Edimburgo: Banner of Truth, 1969, 2000), 130.

ward menciona dois tipos de humildade: a humildade natural e a humildade moral.[72]

Edwards diz que a humildade natural procede da percepção de nossa "miséria" (ou pequenez) como criaturas diante de Deus. Em outras palavras, ela surge quando nos comparamos à excelência *natural* de Deus – sua grandeza. Nós somos fracos em comparação com o seu poder, estúpidos em comparação com sua sabedoria, ignorantes em comparação com seu conhecimento, pequenos em comparação com sua soberania. Em segundo lugar, Edwards fala de humildade moral, que procede da percepção de nossa "vileza" como pecadores diante de Deus. Em outras palavras, ela surge quando nos comparamos com a excelência *moral* de Deus – sua bondade. Nós reconhecemos que temos pecado contra a graça e a misericórdia de Deus e que estamos desprovidos de virtudes morais adequadas que nos recomendem a Deus. Em decorrência disso, tornamo-nos cientes de nossa completa dependência dele.

A humildade provém de uma compreensão bíblica de quem nós somos e de quem Deus é, o que nos conduz à absoluta submissão e à absoluta dependência de Deus. John Owen diz: "É humilhar nossa alma diante da lei da providência de Deus em todas as suas dispensações – prostrar-nos diante da sua soberania, sabedoria, justiça, bondade, amor e misericórdia".[73] É aquilo que Paulo quer dizer quando escreve: "aprendi a viver contente em toda e qualquer situação" (Fp 4.11). Ele precisou aprender a viver contente porque isso ia contra sua natureza – o orgulho. Dessa mesma forma, precisamos "aprender" a subjugar e humilhar nosso coração. Quando fazemos isso, o resultado é contentamento – uma qualidade indispensável no que diz respeito a esperar com confiança aquilo que Deus prometeu.

---

72 Edwards, *Charity and Its Fruits*, 133–34.
73 Owen, *Works*, 9:119.

## Acalmar e aquietar a alma (v. 2)

"... fiz calar e sossegar a minha alma; como a criança desmamada se aquieta nos braços de sua mãe, como essa criança é a minha alma para comigo."

Por que a alma de Davi precisa ser acalmada e aquietada? Talvez ele esteja lutando com algum desejo desenfreado (superestimando algo que ele quer), algum anseio desmedido (supervalorizando alguma coisa que ele possuía), alguma preocupação duvidosa (subestimando o poder de Deus), ou alguma murmuração ingrata (subestimando a bondade de Deus). Qualquer que tenha sido o caso, ele diz que fez "calar e sossegar a [sua] alma; como a criança desmamada se aquieta nos braços de sua mãe".

O que Davi está querendo dizer? Thomas Manton explica: "A criança desmamada não contesta nada e não espera nada além daquilo que sua mãe vai lhe dar".[74] Uma criança desmamada foi excluída da porção de leite da sua mãe, implicando que ela não recebe mais aquilo que espera. De forma semelhante, Davi acalma e aquieta sua alma cultivando a abnegação. Ele enfraquece sua conexão com o mundo e aprende a valorizar as coisas de acordo com o valor que têm. Além disso, uma criança desmamada confia em sua mãe com respeito a tudo, e descansa na provisão dela. Dessa mesma forma, Davi acalma e aquieta sua alma cultivando a dependência, reconhecendo que todas as coisas procedem de Deus. Por último, uma criança desmamada está contente com aquilo que sua mãe lhe dá. Em outras palavras, ela está satisfeita com coisas pequenas. Dessa mesma forma, Davi acalma e aquieta sua alma cultivando o contentamento e aprendendo a viver com aquilo que Deus lhe dá.

Essa figura de uma criança desmamada é semelhante à que Cristo nos apresenta em Mateus 18. Os discípulos querem saber quem é o maior no reino do céu (v. 1). Não sabemos o que estimulou essa pergunta, mas sabemos qual é a raiz dela – o

---

74 Manton, *Works*, 21:439.

orgulho. Cristo responde colocando uma criança no meio deles, dizendo: "Em verdade vos digo que, se não vos converterdes e não vos tornardes como crianças, de modo algum entrareis no reino dos céus" (v. 3). O que ele está querendo dizer? Para respondermos essa pergunta, precisamos distinguir cuidadosamente entre ser *infantil* e *ser como uma criança*. Ser *infantil* é ser imaturo. A Bíblia nos adverte para não sermos *infantis* na maneira como pensamos ou nos comportamos (Mt 11.16; 1Co 14.20; Ef 4.14). Por isso, quando Cristo diz que devemos "tornar-nos como crianças", ele com certeza não está dizendo que devemos ser *infantis*. Ele está dizendo que devemos *ser como crianças*. De que forma? Ele nos diz: "Portanto, aquele que se humilhar como esta criança, esse é o maior no reino dos céus" (v. 4). Aqui, Cristo chama a atenção de seus discípulos para o fato que as crianças dependem totalmente dos adultos para sobreviverem. Por extensão, ele está lhes dizendo que precisam livrar-se de todo e qualquer desejo de grandeza e admitir que, como crianças, dependem de Deus para todas as coisas. Ou seja, eles precisam humilhar-se.

Precisamos firmar nossa mente nesta verdade singular: Deus – que é infinitamente sábio, incomparavelmente poderoso e infinitamente bom – é um Pai que nos ama e sabe o que é melhor para nós. Nós acalmamos e aquietamos nosso coração quando nos submetemos à sua vontade com respeito às condições presentes e quanto aos acontecimentos futuros.

## Conclusão

"Espera, ó Israel, no Senhor, desde agora e para sempre" (v. 3).

Nós não conseguiremos esperar se não aceitarmos duas verdades. Com respeito ao nosso orgulho, precisamos de um coração submisso e humilde. Com respeito à providência de Deus, precisamos de uma alma submissa e sossegada. Quando tudo isso está em ordem, a esperança serve de âncora para nossa alma mesmo quando passamos pelas mais profundas águas da aflição.

Tua âncora vai ficar firme nas tormentas da vida,
quando as nuvens abrirem suas asas agitadas?
Quando as fortes ondas se levantarem, e os cabos se esti-
carem,
tua âncora – se partirá ou firme ficará?
Nós temos uma âncora que conserva a alma,
segura e certa quando se levantam os vagalhões,
Firme na Rocha que não se pode mover,
firme e forte no amor do Salvador.[75]

Comecei este capítulo afirmando que a esperança é fundamental para nossa jornada para casa. Como assim? Paulo agradece a Deus pela igreja em Colossos porque ele ouviu sobre a fé deles em Cristo e sobre o amor deles pelos santos (Cl 1.4). Nesta oração de ações de graças, encontramos um teste seguro do crescimento espiritual. Não é conhecimento intelectual; o fato de conseguirmos solucionar complexos assuntos teológicos não significa que estejamos crescendo espiritualmente. Não são experiências excepcionais, dons fascinantes ou ministérios maravilhosos. O teste do crescimento espiritual é uma fé cheia de vida (cujo objeto é o Filho de Deus) e um amor cheio de vida (cujo objeto é o povo de Deus). Curiosamente, Paulo prossegue dizendo que os crentes de Colossos estão crescendo na fé e no amor "por causa da esperança que vos está preservada nos céus" (v. 5). Em outras palavras, "a esperança da glória" (v. 27) é o combustível que faz a fé e o amor deles brilharem.

Como é que a esperança fortalece a fé? As circunstâncias difíceis podem enfraquecer nossa fé; ficamos desanimados pela condição deste mundo, pelo pecado em nosso coração, pelos problemas com que nos deparamos e pelas perdas que sofremos. Mas nossa esperança encontra-se estabelecida naquilo que ainda está para vir: o retorno de Cristo, a ressurreição dos mortos, e a renovação de todo o cosmos. Nossa esperança torna essa

---

75 Priscilla Owens, "We Have an Anchor", 1882.

certeza futura numa realidade presente, por meio disso incentivando nossa fé em Cristo.

Como é que a esperança fortalece o amor? Os relacionamentos difíceis podem enfraquecer nosso amor; ficamos desanimados pela maneira como as pessoas nos tratam e pela tensão que caracteriza boa parte dos nossos relacionamentos. Mas nossa esperança encontra-se estabelecida naquilo que ainda está para vir: o dia quando todo o povo de Deus ficará livre do pecado, quando seremos libertos do conflito e da rivalidade, e quando o amor reinará soberano. Nossa esperança torna essa certeza futura numa realidade presente, por meio disso incentivando nosso amor pelos outros.

Transbordamos de fé e amor à medida que vivemos na firme expectativa de que Deus cumprirá todas as suas promessas.

# CAPÍTULO 13

# Cultivando a fé

## Salmo 132

1 Lembra-te, Senhor, a favor de Davi, de
todas as suas provações;
2 de como jurou ao Senhor e fez votos ao Poderoso de Jacó:
3 Não entrarei na tenda em que moro, nem
subirei ao leito em que repouso,
4 não darei sono aos meus olhos, nem
repouso às minhas pálpebras,
5 até que eu encontre lugar para o Senhor,
morada para o Poderoso de Jacó.
6 Ouvimos dizer que a arca se achava em Efrata
e a encontramos no campo de Jaar.
7 Entremos na sua morada, adoremos
ante o estrado de seus pés.
8 Levanta-te, Senhor, entra no lugar do teu
repouso, tu e a arca de tua fortaleza.
9 Vistam-se de justiça os teus sacerdotes,
e exultem os teus fiéis.
10 Por amor de Davi, teu servo, não
desprezes o rosto do teu ungido.
11 O Senhor jurou a Davi com firme juramento
e dele não se apartará: Um rebento da tua
carne farei subir para o teu trono.

12 *Se os teus filhos guardarem a minha aliança e*
*o testemunho que eu lhes ensinar, também os seus*
*filhos se assentarão para sempre no teu trono.*
13 *Pois o SENHOR escolheu a Sião, preferiu-a por sua morada:*
14 *Este é para sempre o lugar do meu*
*repouso; aqui habitarei, pois o preferi.*
15 *Abençoarei com abundância o seu mantimento*
*e de pão fartarei os seus pobres.*
16 *Vestirei de salvação os seus sacerdotes, e*
*de júbilo exultarão os seus fiéis.*
17 *Ali, farei brotar a força de Davi; prepararei*
*uma lâmpada para o meu ungido.*
18 *Cobrirei de vexame os seus inimigos; mas*
*sobre ele florescerá a sua coroa.*

"Os melhores planos de ratos e homens, muitas vezes, não dão em nada."[76] Este é um famoso verso de um poema escrito em 1785 por Robert Burns: "Para um rato, porque revirei seu ninho com o arado". Burns escreveu esse poema depois de acabar com o ninho de um rato enquanto arava seu campo. Depois, ele pensou bem no infeliz incidente: o rato havia gasto tanto tempo e esforço para construir um ninho que foi destruído num piscar de olhos, e não teve condições de fazer nada quanto ao que estava acontecendo. Para Burns, a semelhança entre o apuro do rato e o apuro do homem era evidente. Onde quer que haja um homem ou um rato – grande ou pequeno – nossos planos estão sujeitos a forças e fatores além do nosso controle.

Suponhamos que eu esteja planejando fazer um piquenique para o próximo domingo. Meu plano depende do tempo; se chover, não haverá piquenique. Meu plano depende, também, dos convidados; se eles resolverem não ir, meu piquenique será cancelado. Meu plano também depende de meu carro; se ele enguiçar, terei de adiar meu piquenique. Sempre que pla-

---

76 Fui lembrado deste famoso poema ao ler Moody, *Journey to Joy*, 145.

nejamos qualquer coisa, existem inúmeras contingências. "Os melhores planos de ratos e homens, muitas vezes, não dão em nada."

Mas, com respeito ao plano de Deus, não há contingências. Por quê? Porque não existem causas nem fatores além do seu controle. Seu plano repousa em seu poder incomparável, seu conhecimento insondável, e sua sabedoria imperscrutável. Esta verdade extremamente encorajadora significa que todas as promessas de Deus vão se cumprir. Deus é imutável; por isso, seus planos e promessas são imutáveis. Esta realidade faz de Deus o único em quem podemos descansar nossa fé.

Agora, o que é a fé? De acordo com a descrição que comumente se ouve, é um *sentimento* muito forte de que qualquer coisa pode acontecer. Mas, a despeito da sua ampla aceitação, essa definição não tem nada a ver com a Escritura. Fé é simplesmente a convicção de que a Palavra de Deus é verdadeira. Quando cremos que a Palavra de Deus é verdadeira, compreendemos as realidades que estão acima do alcance dos sentidos e da razão. O autor da Carta aos Hebreus aponta para a criação do universo como um exemplo de fé (Hb 11.3). Sem fé, a compreensão do homem a respeito da origem do universo não faz sentido. Por exemplo, muita gente pensa que o universo teve uma criação espontânea; em outras palavras, elas realmente creem que ele veio a existir por si mesmo. Esse ponto de vista é um absurdo lógico porque afirma que *o nada* produziu *alguma coisa*, o que transgride a lei da não-contradição. Como é que alguma coisa pode existir antes de existir? Não é possível. Somente a fé permite o entendimento a respeito da origem do universo, à medida que leva a sério o que Deus diz em sua Palavra. Por isso, pela fé conseguimos discernir a origem do universo: Deus o criou por meio da sua Palavra a partir do nada.

Assim como a fé comunica certeza a respeito do que Deus diz sobre o passado, assim ela também comunica certeza a respeito do que Deus diz sobre o futuro. Em outras palavras, a fé é a convicção de que tudo o que Deus prometeu vai acontecer.

Ela concede *solidez* às promessas de Deus no presente fazendo delas uma realidade atual.

É isso o que vamos ver no Salmo 132, que é de longe o mais longo dos Salmos dos Degraus. Meu alvo não é escavar todos os detalhes, mas fornecer uma compreensão geral da sua mensagem central concentrando-me em seu cenário e estrutura, depois no seu escopo e importância.

## Cenário e estrutura

"Levanta-te, SENHOR, entra no lugar do teu repouso, tu e a arca de tua fortaleza. Vistam-se de justiça os teus sacerdotes, e exultem os teus fiéis. Por amor de Davi, teu servo, não desprezes o rosto do teu ungido" (v. 8-10).

Aqui, o salmista ora por três coisas: ele pede que Deus entre em seu "repouso", abençoe seus "sacerdotes" e "fiéis", e preserve o seu "ungido". Esta oração é importante por várias razões, mas, por enquanto, quero apenas que você repare no fato de que ela abre o cenário histórico do salmo, já que Salomão cita isto em 2 Crônicas 6.41-41. Nesta passagem, Salomão tinha acabado de construir o templo em Jerusalém, e profere esta oração na cerimônia de dedicação. Salomão – que provavelmente escreveu este salmo – apresenta duas razões por que Deus deve responder sua oração: a devoção de Davi (v. 1-7) e a aliança de Deus (v. 11-18).

Nos primeiros sete versículos, Salomão relembra a Deus e a seus ouvintes a devoção de Davi. "Lembra-te, SENHOR, a favor de Davi, de todas as suas provações" (v. 1). O contexto histórico desta súplica encontra-se em 2Samuel 6-7, onde lemos que Davi trouxe a arca da aliança para a cidade de Jerusalém com grande celebração. Mas ele queria fazer mais do que isso; ele estava perturbado com o fato de a arca estar numa tenda, ao passo que ele vivia numa casa luxuosa. Ele decidiu construir um templo que abrigasse a arca e jurou a Deus que não descansaria enquanto não o fizesse (v. 3-4). É provável que ele esteja falando, aqui, por meio de uma hipérbole, para dar ênfase ao seu zelo neste empreendimento. Mas Deus rejeita os planos de Davi e lhe informa que é seu filho, Salomão, quem vai construir o templo. Na cerimônia de dedicação do templo, Salomão recorre à devoção de Davi como uma das razões por que Deus deve ouvir sua oração.

Em segundo lugar, Salomão recorre à aliança de Deus (v. 11-18). "O Senhor jurou a Davi com firme juramento e dele não se apartará" (v. 11). O contexto histórico desta súplica encontra-se em 2 Samuel 7. Depois que Deus rejeitou o plano de Davi de construir o templo, ele faz uma aliança com Davi, prometendo estabelecer para sempre o reino do seu filho: "Um rebento da tua carne farei subir para o teu trono" (v. 11). E, assim, na cerimônia de dedicação do templo, Salomão recorre à aliança de Deus como outra razão por que ele deve ouvir sua oração.

## Escopo e importância

Deus atende a oração de Salomão. Ele, de fato, habita em seu templo, abençoa seu povo e preserva seu ungido – Salomão. Mas há uma coisa muito mais importante acontecendo aqui do que o simples cumprimento direto da oração que Salomão fez, e não devemos deixar de reparar neste pequeno detalhe da aliança de Deus: "Se os teus filhos guardarem a minha aliança e o testemunho que eu lhes ensinar, também os seus filhos se assentarão para sempre no teu trono" (v. 12; 2Sm 7.12-16). Aqui, Deus promete que o filho de Davi se sentará em seu trono para sempre – *se* ele guardar a aliança de Deus. Em outras palavras, o cumprimento da promessa de Deus depende da obediência.

Agora, este detalhe cria um pequeno problema de incerteza: Salomão não guardou a aliança de Deus. Na realidade, ele falhou de maneira miserável. No final do seu reinado, ele tinha edificado santuários e templos para uma multidão de falsos deuses, e, em decorrência disso, seu filho, Roboão, perdeu a metade do reino. O reino do norte, sob a liderança de Jeroboão, mergulhou de cabeça na idolatria, que continuou por vários séculos até que Deus enviou os assírios para acabar com eles em 722 a.C. O reino do sul durou um pouco mais enquanto houve alguns bons líderes entre os descendentes físicos de Salomão. Mas, na maior parte das vezes, eles também falharam miseravelmente, e, como consequência, em 586 a.C., Deus enviou os babilônios para acabar com eles.

Estes eventos históricos nos conduzem a uma pergunta óbvia: O que aconteceu com a aliança que Deus fez com Davi? O que aconteceu com sua promessa de estabelecer um dos filhos do "corpo" de Davi em seu trono? Eis o que precisamos entender: quando Deus estabeleceu sua aliança com Davi e fez com que ela dependesse da obediência, ele tinha um homem específico em vista. *Veja a dica de viagem n.º 2.* É o mesmo homem que ele tinha em vista quando fez sua promessa a Adão (Gn 3). Deus sempre tinha um homem em vista: Cristo. Como descendente de Davi, Cristo obedeceu a Deus, e ele estabeleceu Cristo sobre o trono de Davi, dessa forma cumprindo sua promessa. Ouvimos a confirmação desta promessa na proclamação do anjo a Maria: "Este será grande e será chamado Filho do Altíssimo; Deus, o Senhor, lhe dará o trono de Davi, seu pai; ele reinará para sempre sobre a casa de Jacó, e o seu reinado não terá fim" (Lc 1.32).

Entender isso é extremamente importante porque significa que precisamos avançar além da concretização imediata da oração de Salomão para seu pleno e final cumprimento em Cristo. Vejamos como isso acontece em termos dos três pedidos de Salomão. Ele orou: "Levanta-te, Senhor, entra no lugar do teu repouso" (v. 8). Deus respondeu a esta oração; ele de fato habita em seu templo. "aprouve a Deus que, nele [em Cristo], residisse toda a plenitude" (Cl 1.19). Em virtude da nossa união com Cristo, estamos "sendo edificados para habitação de Deus no Espírito" (Ef 2.22). "Pois o Senhor escolheu a Sião, preferiu-a por sua morada: Este é para sempre o lugar do meu repouso; aqui habitarei, pois o preferi" (v. 13-14).

Salomão orou: "Vistam-se de justiça os teus sacerdotes, e exultem os teus fiéis" (v. 9). Deus atendeu esta oração; ele de fato abençoa seu povo fazendo-nos um com Cristo, razão pela qual tudo o que é dele se torna nosso. Nossa união com Cristo é a maneira pela qual Deus nos comunica todas as suas graças: "nele [em Cristo], estais aperfeiçoados" (Cl 2.10). "Abençoarei com abundância o seu mantimento e de pão fartarei os seus pobres. Vestirei de salvação os seus sacerdotes, e de júbilo exultarão os seus fiéis" (v. 15-16).

Salomão orou: "não desprezes o rosto do teu ungido" (v. 10). Deus atendeu esta oração; ele de fato preserva o seu ungido. Paulo, em seu sermão registrado em Atos 13.32-39, faz uma citação do Salmo 2, que começa com uma descrição daqueles que se opõem ao ungido de Deus. Deus responde à sua oposição rindo e zombando deles, declarando que ele estabeleceu seu rei em Sião: "Tu és meu Filho, eu, hoje, te gerei". Em seu sermão, Paulo afirma que este salmo se cumpre na ressurreição e na ascensão de Cristo. Deus estabeleceu seu Filho sobre o trono de Davi. "Ali, farei brotar a força de Davi; preparei uma lâmpada para o meu ungido. Cobrirei de vexame os seus inimigos; mas sobre ele florescerá a sua coroa" (v. 17-18).

Cristo inaugurou seu reino. *Veja a dica de viagem n.º 2*. Ele não se identifica com nenhum país em especial, não se alinha com nenhum partido político, nem se limita a nenhuma instituição social. É o seu governo sobre o seu povo, ou seja, esse reino é relacional, e estar no reino é encontrar-se num relacionamento correto com o rei. Nós não vemos o reino de Cristo no presente, mas haveremos de vê-lo. Ainda não vemos a renovação de todas as coisas nele no presente, mas haveremos de ver isso. Ainda não vemos a subjugação de todos os reinos a ele, mas haveremos de ver isso acontecer. Estamos aguardando a consumação do reino. Um dia, o presente reino da graça dará lugar ao futuro reino de glória. A criação será renovada, e o paraíso será restaurado. Não mais se ouvirá nenhum choro e nenhum lamento de dor. Não haverá tensão, divisão, confusão, conflito ou morte. A terra se encherá do conhecimento da glória de Deus, a qual brilhará em toda fenda e sobre toda criatura. Um novo céu e uma nova terra serão ocupados por uma multidão de pessoas glorificadas, e o Rei habitará no meio delas para sempre.

## Conclusão

Quando vemos o panorama completo deste salmo, começamos a reconhecer várias verdades revigorantes. Para começar, ele nos mostra que a promessa de Deus não muda. Davi aparece de forma proeminente em todo o salmo: "Lembra-te, Senhor, a favor de Davi" (v. 1); "Por amor de Davi, teu servo" (v. 10); "O Senhor jurou a Davi com firme juramento e dele não se apartará" (v. 11); "Ali, farei brotar a força de Davi" (v. 17). Por que tanta ênfase em Davi? É simples: a aliança de Deus com Davi é o fundamento da confiança de Salomão nesta oração. Em outras palavras, tudo o que Salomão pede é por causa de Davi. De forma semelhante, a aliança de Deus deve ser o fundamento da nossa confiança e segurança na oração. Tudo o que pedimos é por causa de Cristo.

Quando eu era menino, minha mãe me ensinou a orar: "Enquanto me deito para dormir, peço que o Senhor guarde minha alma. Se eu morrer enquanto estiver dormindo, leva-me para o céu por causa de Jesus". A frase – "Se eu morrer enquanto estiver dormindo" – era meio perturbadora para um menino de quatro anos ficar pensando momentos antes de apagar a luz, mas isso é assunto para outra ocasião. No momento, estou interessado na frase: "leva-me para o céu por causa de Jesus". Ela é maravilhosa, porque expressa muito bem para jovens e velhos a essência do evangelho e o objeto da nossa fé. *Veja a dica de viagem n.º 1.* Deus se lembra de nós por causa de Cristo: ele se lembra da humildade de Cristo, não do nosso orgulho; ele se lembra da justiça de Cristo, não da nossa injustiça; ele se lembra da obediência de Cristo, não da nossa desobediência; ele se lembra da fidelidade de Cristo, não da nossa infidelidade; ele se lembra da devoção de Cristo, não da nossa apatia; e ele se lembra do amor de Cristo, não do nosso coração frio. É tudo por causa de Cristo.

Nossa fé está fixada na aliança de Deus – sua infalível promessa em Cristo. Os santos do Antigo Testamento não receberam aquilo que foi prometido (Hb 11.39); apesar disso, anelavam pelo seu cumprimento (Lc 10.24; 1Pe 1.10-11), eles nunca desfrutaram da promessa como nós o fazemos. Por que não? A. W. Pink explica: "É neste ponto, exatamente aqui, que encontramos a diferença fundamental entre a fé dos santos do Antigo Testamento e a fé dos santos do Novo Testamento: aqueles olhavam para frente, para um Salvador que haveria de vir, estes últimos, olham para trás, para um Salvador que já veio".[77] Nós temos uma visão melhor de Cristo do que os santos do Antigo Testamento jamais tiveram: eles tinham a sombra, mas nós temos o corpo. Por isso, nós temos um melhor objeto para a fé do que eles jamais tiveram; eles tiveram aquilo que Cristo haveria de executar, mas nós temos aquilo que Cristo já executou.

Nossa fé está arraigada no cumprimento das promessas de Deus feitas no passado; ou seja, está arraigada nos atos salvíficos de Deus na história da humanidade, culminando na encarnação de seu Filho. Nossa fé também está fixada no seguro cumprimento das promessas de Deus no futuro. *Veja a dica de viagem n.º 3*. Nossa fé abrange nossa esperança escatológica: o retorno de Cristo, a ressurreição dos mortos, o juízo final, a renovação do universo, e a consumação de todas as coisas. Nossa fé torna essas promessas *concretas* no presente, de forma que dão forma a nossa jornada para casa.

---

77  A. W. Pink, *An Exposition of Hebrews* (Grand Rapids: Baker, 2004), 887.

# Capítulo 14

# Mantendo a unidade

## Salmo 133

1 *Oh! Como é bom e agradável viverem unidos os irmãos!*
2 *É como o óleo precioso sobre a cabeça, o qual desce para a barba, a barba de Arão, e desce para a gola de suas vestes.*
3 *É como o orvalho do Hermom, que desce sobre os montes de Sião. Ali, ordena o Senhor a sua bênção e a vida para sempre.*

George Swinnock escreveu: "Depois da comunhão com Deus, não existe comunhão semelhante a dos santos".[78] À medida que fazemos a longa e difícil jornada para casa, Deus usa esta "comunhão", esse companheirismo cristão, para incentivar os desanimados, restabelecer os instáveis, desafiar os desatentos, animar os aflitos, orientar os confusos e revigorar os exaustos. Em outras palavras, Deus usa o companheirismo cristão para transmitir graça à alma cansada de viajar. Isso parece maravilhoso, não é? Então por que ao mesmo tempo parece tão diferente daquilo que muitos de nós experimentamos no contexto da igreja? Preste atenção nesta cena bem familiar, de fonte desconhecida:

Certa igreja está no meio da sua reunião mensal sobre questões financeiras. A situação financeira está melhor do

---

78 Swinnock, *Works*, 2:336–41.

que o habitual, de forma que o moderador pergunta se há alguma necessidade especial para suprir. Uma senhora levanta-se e lentamente começa a explicar que ela sente que a igreja precisa de um candelabro melhor. Antes mesmo que ela termine, um diácono se levanta e grita: "Eu sou contra isso por três motivos. Primeiro, ninguém sabe nem como soletrar o nome dessa coisa. Depois, ninguém sabe como lidar com essa coisa. E, por último, o que esta igreja de fato precisa é de uma iluminação melhor".

Agora imagine o caos que isso provocou. Infelizmente, cenas como essas têm se repetido em inumeráveis ocasiões durante a história da igreja. Dois grupos ou indivíduos dentro de uma igreja local discordam a respeito de alguma coisa, e logo estão em rota de colisão; traçam-se linhas, constroem-se paredes e cavam-se trincheiras. Os únicos dois resultados possíveis são uma guerra fria por meio da qual os dois lados evitam um ao outro ou uma guerra civil por meio da qual os dois lados se dividem. "Depois da comunhão com Deus, não existe comunhão semelhante a dos santos". Sim, certamente!

Se você está em dúvida, aqui está o que você precisa entender: mesmo cenas como as que acabamos de descrever não alteram a realidade da bênção que jorra do verdadeiro companheirismo cristão. Mas, elas nos lembram do nosso chamado para nos esforçarmos "diligentemente por preservar a unidade do Espírito no vínculo da paz" (Ef 4.3). Vamos ver brevemente *como* manter a unidade, mas primeiro vamos entender por que devemos ser "diligentes" nisso. E isso nos traz ao Salmo 133.

## A natureza da unidade (v. 1)

"Oh! Como é bom e agradável viverem unidos os irmãos!"

As palavras escolhidas por Davi são intrigantes: "bom e agradável". Algumas coisas são boas, mas não são agradáveis. O remédio, por exemplo, é útil para tratar uma dor de garganta, mas o gosto é horrível. Por outro lado, algumas coisas são agradáveis, mas não são boas. As frituras são saborosas (pelo menos na minha opinião), mas comer muita fritura pode trazer sérios problemas de saúde. Apesar de não serem os melhores exemplos, tenho certeza de que você captou a ideia: a unidade é tanto *boa* quanto *agradável*. Por quê? A resposta surge nos dois versículos seguintes.

## A origem da unidade (v. 2-3)

"É como o óleo precioso sobre a cabeça, o qual desce para a barba, a barba de Arão, e desce para a gola de suas vestes. É como o orvalho do Hermom, que desce sobre os montes de Sião."

Davi faz, aqui, duas descrições. A primeira é o óleo sobre a cabeça de Arão, que, para a maioria de nós, é uma imagem difícil de apreciar. Sinto calafrios só de pensar nisso – óleo escorrendo pela minha cabeça, descendo pela nuca e pela gola da camisa; já é ruim quando vou ao barbeiro e alguns cabelos aparados entram na gola. Mas é importante não permitirmos que a figura nos faça perder de vista o simbolismo que existe nesses versículos. A unção da cabeça do sumo sacerdote com óleo de oliva misturado com os melhores condimentos era um sinal de consagração (Êx 30.22-33). À medida que o óleo descia da cabeça do sumo sacerdote para suas vestes, ele emitia um agradável aroma. Davi diz que a unidade é como um rico perfume – ela é agradável.

A segunda descrição é o orvalho do Hermom, uma montanha localizada ao norte de Israel, que é conhecida por sua abundante umidade. Obviamente, abundância de umidade significa abundância de vegetação. Davi diz que a unidade conduz à frutificação – ela é boa.

O detalhe que desejo você perceba é que ambas as descrições apontam para a origem da bênção. Davi usa a palavra "desce" com referência ao óleo sobre a cabeça de Arão e usa a mesma palavra "desce" com referência ao orvalho do monte Hermom. Essa palavra dá ênfase ao movimento de cima para baixo. O ponto é que a bênção da unidade vem de cima; ela procede de Deus.

## A bênção da unidade (v. 3)

"Ali, ordena o Senhor a sua bênção e a vida para sempre."

O que Davi quer dizer com "ali"? Encontramos a resposta na última palavra da frase anterior: Sião. Davi está dizendo que Deus "ordenou a sua bênção" – a unidade – em Jerusalém. Esse detalhe lança alguma luz no contexto histórico deste salmo. Davi provavelmente está apontando para a sua ascensão ao trono de Israel como o catalisador da unidade que ele está celebrando.

Depois de entrar na terra de Canaã, Israel experimentou um dos mais turbulentos períodos de sua história: o tempo dos juízes. Durante esses séculos, Israel existiu como uma indefinida confederação de tribos, importunada por confusão interna e caos moral, social, político e religioso. Por quê? Porque "Naqueles dias, não havia rei em Israel; cada um fazia o que achava mais reto" (Jz 21.25). Esse conflito generalizado continuou durante o reinado do primeiro rei, Saul. Depois da morte de Saul, Davi tornou-se rei de Judá, ao passo que Isbosete, filho de Saul, tornou-se rei das outras tribos, uma divisão que levou a uma brutal guerra civil (2Sm 2). Depois de vencer Isbosete, Davi conseguiu unir todas as tribos sob seu governo: "Então, todas as tribos de Israel vieram a Davi, a Hebrom, e falaram, dizendo: Somos do mesmo povo de que tu és" (2Sm 5.1).

Com certeza, Davi tem em mente esse importante evento no Salmo 133. Depois de séculos de desunião, Israel finalmente encontra-se unido sob seu governo, e Deus é quem orquestrou essa bênção (v. 3). É como o óleo precioso descendo pela barba de Arão (v. 2) ou o orvalho do Hermom, caindo nos montes de Sião (v. 3). O clamor de Davi é o auge da longa e árdua jornada da nação para esta era de bênção sem precedentes: "Oh! Como é bom e agradável viverem unidos os irmãos!".

## Uma unidade maior

Mas a celebração de Davi é relativamente curta. Logo após a morte de Salomão, ressurgiram as antigas divisões, o reino se dividiu em dois, e ambas as partes com o passar do tempo sucumbiram diante de invasores estrangeiros. À primeira vista, essa rápida mudança nos eventos faz com que a exuberante celebração de Davi pareça sem sentido e insignificante. Será mesmo? Ao lidarmos com essa ideia, é importante lembrar que interpretamos esses salmos por meio das lentes de Cristo e do seu reino mediador. *Veja a dica de viagem n.º 2.* No contexto do Salmo 133, vemos em Cristo o cumprimento da celebração de Davi; afirmamos que Deus "ordena a sua bênção" em Sião estabelecendo uma unidade muito maior em Cristo.

Deus é um ser relacional – Pai, Filho e Espírito – e ele nos criou como seres relacionais, para estarmos em relação com ele e com os outros. Mas nosso relacionamento com Deus e uns com os outros sofreu as consequências negativas do pecado de Adão, e, desde então, temos vivido numa pane relacional. Mas Cristo fundou uma nova humanidade – uma nova criação – estabeleceu a paz por meio do sangue da sua cruz (Ef 2.13-16). Deus nos salva fazendo-nos um com Cristo por meio do Espírito Santo. Essa união conecta a redenção *executada* com a redenção *aplicada*, ou seja, tudo o que Cristo comprou para nós flui até nós em virtude da nossa união com ele. Quando Deus nos faz um com Cristo, ele também nos faz um com os outros, e nos tornamos membros da igreja – o corpo e noiva de Cristo. Como tais, tornamo-nos a forma visível de Cristo no mundo, refletindo seu esplendor, manifestando sua glória, revelando sua beleza e refletindo sua santidade.

Essa unidade é uma das razões por que Paulo descreve a igreja como sendo um corpo: "Mas, seguindo a verdade em amor, cresçamos em tudo naquele que é a cabeça, Cristo, de quem todo o corpo, bem ajustado e consolidado pelo auxílio de toda junta, segundo a justa cooperação de cada parte, efetua o seu próprio aumento para a edificação de si mesmo em amor" (Ef 4.15-16). Nosso corpo físico é algo maravilhoso. Ele é constituído de uma série de juntas – cada uma formada de dois ossos lisos, que se encaixam perfeitamente, e trabalham em conjunto sem esforço e em harmonia. Unindo esses ossos existem ligamentos – fibras fortemente ligadas. Para unir os ossos aos músculos, existem os tendões – mais fibras fortemente ligadas. Percorrendo todo nosso corpo físico, existe o sistema cardiovascular: o coração bombeando o sangue através de um complexo sistema de veias e artérias. Também possuímos um sistema nervoso que conecta as pequenas terminações nervosas da ponta dos meus dedos com meu braço até a medula espinhal, a qual está conectada ao meu cérebro através de feixes de nervos. Damos início a nossos movimentos através de um desejo iniciado em nosso cérebro, o qual emite energia que passa pelo nosso sistema nervoso, o qual, então, move nosso braço, mão e dedos.

Paulo diz que a igreja é bem parecida com nosso corpo físico, e que, em virtude da nossa união com Cristo, estamos entrelaçados como juntas, ligamentos e tendões em seu corpo espiritual. Quando cada um de nós funciona de modo apropriado, o corpo "efetua o seu próprio aumento para a edificação de si mesmo em amor". Esta é a "bênção" que Deus "ordena" em Sião (v. 3). É como o óleo que desce pela barba de Arão (v. 2). É como o orvalho, descendo pelos montes de Sião (v. 3). "Oh! Como é bom e agradável viverem unidos os irmãos!"

## Conclusão

À vista da tremenda bênção que procede da unidade, devemos ser zelosos em protegê-la e preservá-la. Enquanto escrevo estas coisas, minha mão direita está formigando, meus dedos estão dormentes, e sinto uma terrível dor no meu ombro direito até o cotovelo direito. De acordo com o aparelho de tomografia por ressonância magnética, o disco entre as vértebras C-6 e C-7 da minha coluna cervical está apertando o nervo. Pelo fato de uma pequena parte do meu corpo não estar funcionando de maneira apropriada, o resto do meu corpo sofre. A mesma coisa ocorre no corpo de Cristo quando uma parte não funciona de forma apropriada. Apesar de ser impossível destruir nossa unidade, ela pode, com facilidade, ser atrapalhada; daí a advertência de Paulo: "esforçando-vos diligentemente por preservar a unidade do Espírito no vínculo da paz" (Ef 4.3).

Mas como é que isso pode ser feito? Mantemos a unidade quando promovemos a verdade: "Rogo-vos, irmãos, pelo nome de nosso Senhor Jesus Cristo, que faleis todos a mesma coisa e que não haja entre vós divisões; antes, sejais inteiramente unidos, na mesma disposição mental e no mesmo parecer" (1Co 1.10). A unidade se baseia numa comum confissão. Essa é uma das razões por que os credos e as confissões são tão importantes; não podemos confessar algo que é nebuloso. Mas, às vezes, é difícil equilibrar nosso chamado de proclamar a verdade com nosso chamado de amar uns aos outros. A que ponto a verdade fala mais alto que o amor, ou o amor fala mais alto que a verdade? John Stott fornece uma sábia resposta: "Nas coisas fundamentais, a fé é primordial, e não devemos apelar para o amor como desculpa para negar a verdade essencial. Mas, nas coisas não fundamentais, o amor é primordial, e não devemos apelar para o zelo pela fé como desculpa pela falta de amor".[79] Não devemos tolerar o mal moral ou doutrinário em nosso meio, mas também não devemos tolerar discussões que surgem da inveja, amargura e mal-entendidos. Precisamos, de forma ativa, buscar a paz dentro do corpo, reconhecendo que somos um. Toda decisão deve basear-se amplamente naquilo que traz a paz para a igreja sem comprometer a verdade.

Também mantemos a unidade quando cultivamos a humildade: "Porque, pela graça que me foi dada, digo a cada um dentre vós que não pense de si mesmo além do que convém; antes, pense com moderação, segundo a medida da fé que Deus repartiu a cada um" (Rm 12.3). Quando queremos ser os mais

---

79  Stott, *Message of Romans*, 375.

importantes, quando impomos as coisas do nosso jeito, quando buscamos ser notados, valorizados e estimados, surge o conflito.

O orgulho é que faz com que desejemos estar no controle, provocando a ansiedade. Ele faz com que pensemos merecer mais do que temos, provocando o desânimo. Ele nos leva a pensar que estamos sendo tratados de maneira injusta, provocando a amargura. Ele nos faz desejar que as pessoas prestem atenção em nós, gerando o descontentamento. Ele nos faz desejar o primeiro lugar, provocando a inveja e a malícia. Será que reconhecemos estas verdades a nosso próprio respeito? Se as reconhecemos, será que nos esforçamos para pensar sobre nós mesmos "com sobriedade"?

Pensar com sobriedade nos concede uma perspectiva própria adequada diante de Deus. Assim como "as estrelas somem quando o sol aparece",[80] uma visão da glória de Deus nos humilha. Somos fracos em comparação com seu poder, estúpidos em comparação com sua sabedoria, ignorantes em comparação com seu conhecimento, e impotentes em comparação com sua soberania. Quando nos comparamos com a excelência de Deus, vemos nossa pequenez. Entendemos que nossa "força extraordinária, inteligência, sabedoria ou beleza são simples pó arranjado de forma superior, e Deus é quem fez esse arranjo".[81]

Outra maneira de manter a unidade é promover a paz: "Bem-aventurados os pacificadores, porque serão chamados filhos de Deus" (Mt 5.9). O que significa ser um pacificador? William Perkins explica: "Onde o Espírito de Deus opera a paz na consciência para com Deus em Cristo, ali o mesmo Espírito leva o indivíduo a buscar paz com todos os homens; bem como estabelecer a paz entre aqueles que se encontram em desarmonia".[82] Aqueles que são orgulhosos, desgostosos e ressentidos

---

80 Thomas Watson, conforme citado em *A Puritan Golden Treasury*, 148.

81 Terry Johnson, *When Grace Transforms: The Character of Christ's Disciples Put Forward in the Beatitudes* (Fearn, Ross-shire: Christian Focus, s.d.), 65.

82 William Perkins, *A Godly and Learned Exposition upon Christ's Sermon on the Mount*, em *The Works of William Perkins*, 3 vols. (Londres, 1631), 3:17.

provocam discórdia por onde passam; mas, aqueles que estão em paz com Deus mantêm a paz, buscando acabar com a raiva, as brigas e as divisões. Talvez um de nossos maiores chamados não seja estabelecer a paz onde há confusão, mas simplesmente nos refrear de causar confusão onde existe a paz. "Sem lenha, o fogo se apaga; e, não havendo maldizente, cessa a contenda" (Pv 26.20). Terry Johnson diz: "Um importante aspecto do estabelecimento da paz diz respeito não a qualquer coisa ativa que se faça, mas a deixar as coisas como estão. Muitas vezes, um pacificador não precisa fazer nada, mas simplesmente tomar cuidado para não perturbar a paz".[83]

Por último, e o mais importante, mantemos a unidade quando cultivamos o amor. "... acima de tudo isto, porém, esteja o amor, que é o vínculo da perfeição" (Cl 3.14). A. W. Pink comenta: "O amor fraterno é uma plantinha delicada que requer muita atenção: se não for cuidada e regada, logo ela murcha".[84] Nós "cuidamos e regamos" o amor fraterno mantendo-nos ao pé da cruz. Deus nos amou antes da fundação do mundo e demonstrou seu amor por nós ao enviar seu Filho para morrer por nós. Ele derramou seu amor em nosso coração enviando seu Espírito para habitar em nós, e seu amor nos instiga a amar.

Em grande parte, manter a unidade exige crer no evangelho – o poder de Deus para a salvação (Rm 1.16). Será que realmente cremos que Deus muda as pessoas por meio do evangelho, que ele transforma as pessoas por meio do evangelho, e que ele molda, alimenta, ensina e amadurece as pessoas por meio do evangelho? Se cremos nisso, o evangelho é que determinará como nos aproximamos dos outros, recebemos os outros, vemos os outros, e amamos os outros. O evangelho nos coloca num campo equilibrado porque nos despoja de qualquer motivo de orgulho. De acordo com James Boice:

---

83 Johnson, *When Grace Transforms*, 115.
84 Pink, *Hebrews*, 1110.

Agradamos a Cristo quando entendemos que somos aceitos por Deus unicamente por meio da obra de Cristo e, por essa razão, somos capazes de aceitar e amar alegremente todos os outros por quem ele morreu. Esses outros crentes podem estar errados em muitas coisas, em nossa opinião. Mas saberemos que, apesar disso, somos todos parte de um corpo espiritual, o corpo de Cristo, e que fazemos todos parte uns dos outros à medida que nos esforçamos para viver para Cristo.[85]

85 James M. Boice, *Romans: The New Humanity* (Grand Rapids: Baker, 1995), 1780.

# CAPÍTULO 15

# Bendizendo a Deus

*Salmo 134*

1 *Bendizei ao* Senhor, *vós todos, servos do* Senhor, *que assistis na Casa do* Senhor, *nas horas da noite;*
2 *erguei as mãos para o santuário e bendizei ao* Senhor.
3 *De Sião te abençoe o* Senhor, *criador do céu e da terra!*

Chegamos ao final da nossa jornada através dos Salmos dos Degraus. Ao longo do caminho, seguimos os salmistas conforme viajaram das profundezas da dor até as alturas da alegria, das profundezas do desespero até às alturas da exultação, das profundezas da dúvida até às alturas da confiança, das profundezas da culpa até às alturas do perdão, das profundezas do cativeiro até às alturas da libertação. Em todo o tempo, uma coisa permaneceu constante: os salmistas nunca desviam os seus olhos de Deus.

Se estamos nos debatendo com o desânimo que vem por causa da aflição, olhar para Deus vai nos fortalecer. Se estamos nos debatendo com padrões de pensamento e vida nocivos, olhar para Deus vai nos levar a abandonar nosso pecado. Se estamos nos debatendo com o orgulho, a inveja ou a amargura, olhar para Deus vai desenvolver em nós pobreza de espírito. Se estamos lutando para perdoar aqueles que nos feriram, olhar para Deus nos fará chorar por eles. Se estamos lutando com o chamado de negar a nós mesmos, olhar para Deus nos fará desejosos de viver para ele. Se estamos nos debatendo com o vício, olhar para Deus vai cativar nosso coração e satisfazer nosso mais profundo anelo. Se estamos lutando para resistir à sedução do mundo, olhar para Deus vai desviar nosso coração da impura tríade do mundo – o prazer, o lucro e o poder. Se estamos lutando contra a preguiça e a negligência, olhar para Deus nos despertará do nosso sono. Se estamos lutando com várias incertezas, olhar para Deus acalmará nossos maiores temores.

Esse tema dominante chega a uma conclusão muito apropriada no Salmo 134, onde o salmista *bendiz* a Deus. Se Deus é tão grande, então qual é o louvor, a honra e a glória que devemos lhe dar? "... louvai-o consoante a sua muita grandeza" (Sl 150.2). Não conseguimos louvar a Deus até ao máximo da sua grandeza, mas podemos louvá-lo até ao máximo da nossa capacidade. Podemos lhe dar nossos mais altos louvores: "Nos seus lábios [dos seus santos] estejam os altos louvores de Deus" (Sl 149.6). E podemos lhe dar nossos maiores louvores: "Grande é o Senhor e mui digno de ser louvado" (Sl 145.3). Somos incapazes de lhe dar toda a glória devida ao seu nome, mas podemos lhe dar tudo o que nossa alma pode oferecer. "Bendize, ó minha alma, ao Senhor, e tudo o que há em mim bendiga ao seu santo nome" (Sl 103.1).

No final das contas, bendizemos aquilo que estimamos, e estimamos aquilo que é nosso tesouro. Um dos principais temas do livro *O Hobbit*, de J. R. R. Tolkien, é um tesouro. Os anões de Erebor – a montanha Solitária – se afligem com ele, e juntam uma fortuna nas cavernas mais profundas da montanha. O dragão Smaug vem à procura do tesouro, matando e destruindo para obtê-lo. Ele não faz uso prático desse tesouro, a única coisa que faz é dormir sobre ele. Thorin e seu grupo de anões estão dispostos a sacrificar a vida para recuperar o tesouro que está em poder de Smaug. Depois de conseguir isso, humanos e elfos entram em cena exigindo parte do tesouro, e estão dispostos a entrar em guerra por isso. O que Tolkien está querendo mostrar? É simples: o homem se desgasta em busca de um tesouro.

Agora, não há nada errado com a busca de um tesouro *per se*. O problema não é nosso desejo por um tesouro, mas o objeto de nosso desejo. Cristo declara: "... onde está o teu tesouro, aí estará também o teu coração" (Mt 6.21). Seu ponto é que nós inevitavelmente nos movemos em direção ao nosso tesouro – qualquer coisa que captura nosso coração. Por essa razão, John Flavel nos adverte: "Veja o que possui a mais alta estima, o que ocupa o primeiro e o último lugar nos pensamentos, e com que gastamos nosso tempo e força com prazer; sem sombra de dúvida, esse é o nosso tesouro".[86]

Nós bendizemos aquilo que estimamos, e estimamos aquilo que é nosso tesouro. Conforme fica evidente em todos esses salmos, os salmistas têm como tesouro aquele que está entronizado nos céus. Isso fica de pronto evidente no Salmo 134. Aparentemente, este salmo foi escrito para que os israelitas o cantassem ao chegar ou ao sair da cidade de Jerusalém. Nos versículos 1-2, eles convocam os sacerdotes para que bendigam a Deus. No versículo 3, os sacerdotes respondem proclamando a bênção de Deus.

## Um chamado à adoração (v. 1-2)

"Bendizei ao SENHOR, vós todos, servos do SENHOR, que assistis na Casa do SENHOR, nas horas da noite; erguei as mãos para o santuário e bendizei ao SENHOR."

Aqui, o povo encoraja os sacerdotes ("vós todos, servos do SENHOR") a que bendigam a Deus. O salmista não diz por que, mas não é difícil encontrar a resposta: Deus – que está entronizado nos céus (Sl 123.1) – é o Criador do céu e da terra (Sl 121.2; 124.8; 134.3).

O profeta Isaías teve o privilégio de receber uma visão deste grande Deus. Ele conta que viu "o Senhor assentado sobre um alto e sublime trono" (Is 6.1). Aqui, o termo "Senhor" é *Adonai* – o plural da palavra *Adon*. Essa palavra é usada para

---

86 Flavel, *Works*, 5:247.

descrever o relacionamento entre marido e mulher; Sara refere-se a Abraão como seu *adon* (Gn 18). Ela também é usada para descrever o relacionamento entre senhor e escravo; Eliézer refere-se a Abraão como seu *adon* (Gn 24). Por isso, quando atribuído a Deus, o nome *Adonai* revela que Deus é o supremo Soberano e Senhor: "Pois o SENHOR, vosso Deus, é o Deus dos deuses e o Senhor dos senhores, o Deus grande, poderoso e temível" (Dt 10.17).

Quando Isaías contemplou o Senhor em seu trono, ele percebeu que "as abas de suas vestes enchiam o templo". Sempre que leio essa descrição, me lembro de quando entrava na chamada "velha arena" em Markham, Ontário, onde cresci. Na parede de uma das extremidades da quadra, havia um enorme retrato da rainha Elizabeth, o que era meio inquietante, pois não havia como escapar do olhar dela em qualquer lugar do rinque de patinação. Nesse retrato, a cauda das vestes da rainha cobria a escadaria à frente dela, pois, desde antigamente, o manto tem sido um símbolo de grandeza: quanto maior a cauda do manto, maior o esplendor. No quadro que Isaías descreve, a cauda do manto de Deus não apenas cobre uns poucos degraus ou mesmo uma escadaria toda. Ele na verdade enche o templo, simbolizando assim a sua incomparável majestade.

Isaías também viu os serafins por cima do Senhor: "cada um tinha seis asas: com duas cobria o rosto, com duas cobria os seus pés e com duas voava" (Is 6.2). A visão dos serafins cobrindo as faces com duas de suas asas lembra-nos da ocasião em que Moisés pediu a Deus para ver sua glória. Deus responde: "Não me poderás ver a face, porquanto homem nenhum verá a minha face e viverá" (Êx 33.20). Moisés não pode ver a Deus porque ele é um pecador, e ver a face de Deus significa morrer. Curiosamente, os serafins não são criaturas pecaminosas, mas até mesmo eles não podem contemplar a face de Deus. Sua glória é fulgurante demais mesmo para eles, e por essa razão cobrem suas faces com duas asas. Mas, por que razão eles cobrem os pés com duas asas? Isso nos lembra de outro incidente da vida de Moisés. Quando ele se aproxima da sarça ardente no deserto, Deus fala com ele: "Não te chegues para cá; tira as sandálias dos pés, porque o lugar em que estás é terra santa" (Êx 3.5). Os pés são um símbolo de finitude. Moisés é uma criatura finita na presença de um Deus infinito, o que é simbolizado na remoção das suas sandálias. Os serafins também são criaturas; por essa razão, cobrem os pés com duas asas.

Os serafins clamam uns aos outros: "Santo, santo, santo é o Senhor dos Exércitos; toda a terra está cheia da sua glória" (Is 6.3). A expressão "Santo, santo, santo" equivale ao superlativo em hebraico. Ela significa simplesmente que Deus é o mais santo, e essa é a mais fundamental verdade que podemos declarar a respeito dele. Deus é santo essencialmente porque ele é inculpável; ele é moralmente puro e perfeito. Deus também é santo porque é incomparável: "Excelso é o Senhor, acima de todas as nações, e a sua glória, acima dos céus. Quem há semelhante ao Senhor, nosso Deus, cujo trono está nas alturas...?" (Sl 113.4-5).

Quero que você compreenda que este é o Deus incomparável que o salmista bendiz. Não há comparação entre este Deus ilimitado e nossa mente limitada, entre este Deus completamente livre e nosso intelecto cheio de restrições, entre este Deus infinito e nossa compreensão finita.[87] Aqueles que conseguem ouvi-lo da maneira mais clara conseguem ouvir apenas um fraco sussurro. Aqueles que conseguem vê-lo da maneira mais plena conseguem ver apenas um pequeno vislumbre. Aqueles que mais compreendem a respeito dele não compreendem nada se considerarmos aquilo que ainda está por ser conhecido. "... ele faz coisas grandes e inescrutáveis e maravilhas que não se podem contar" (Jó 5.9). "Pelo mar foi o teu caminho; as tuas veredas, pelas grandes águas; e não se descobrem os teus vestígios" (Sl 77.19). "Ele é o que está assentado sobre a redondeza da terra, cujos moradores são como gafanhotos" (Is 40.22). Este é o Deus que somos convocados a bendizer.

---

87 Devo a George Swinnock estes pensamentos, encontrados em *Works*, 4:399–400.

**Uma bênção (v. 3)**

"De Sião te abençoe o SENHOR, criador do céu e da terra!"

Como é que Deus nos abençoa de Sião? Ele se dá a si mesmo a nós. Encontramos nele tudo o que jamais poderíamos desejar. Encontramos um bem eterno e espiritual, adequado a todas as nossas necessidades. Nosso conhecimento deste Deus espalha em nossa alma uma paz que dá satisfação nesta vida e infunde um irresistível gosto por aquilo que nos aguarda na glória. "... bem-aventurado é o povo cujo Deus é o SENHOR!" (Sl 144.15). Este Deus infinito perscruta nosso coração – pesando-lhe os desejos, motivos, impulsos e inclinações e vê nosso coração cheio de amor próprio. Este pecado é uma afronta contra ele – uma transgressão da sua lei, uma rejeição da sua ordem, uma profanação da sua bondade e uma violação da sua glória. Ele tem o direito de vingar-se. Com um simples olhar ele pode nos lançar no inferno.

De forma surpreendente, este Deus incomparável se aproxima por meio da Encarnação. Seu Filho cumpre todas as exigências da lei, carregando nosso pecado e vergonha. Ele nos faz um com seu Filho, com isso conectando a redenção executada com a redenção aplicada. Todas as bênçãos da salvação que Cristo nos comprou fluem para nós por meio da nossa união com ele. Em Cristo, Deus perdoa nossa culpa e nos purifica da nossa impureza. Nós vivemos com base nos méritos de Cristo e temos comunhão com ele no nome e nos atributos de Cristo, em sua justiça e santidade, sua morte, seu sepultamento e sua ressurreição.

Sua misericórdia está muito além da compreensão: "Porque acima dos céus se eleva a tua misericórdia" (Sl 108.4). Sua misericórdia desperta a admiração: "Como é preciosa, ó Deus, a tua benignidade!" (Sl 36.7). Nós pertencemos a Deus como seu povo. Pertencemos a ele por termos sido criados por ele – ele nos fez à sua imagem. Pertencemos a ele pela eleição – ele nos escolheu antes de nascermos. Pertencemos a ele pela redenção – ele pagou um preço infinito por nós. Somos dele por meio da regeneração – ele é quem nos fez nascer de novo. Somos dele por meio da adoção – ele nos tornou parte da sua família. Em suma, este Deus incomparável é nosso Pai. Essa é a maneira como ele nos abençoa de Sião.

## Conclusão

Que Deus é este? Ele não tem princípio, meio e fim. Ele existe de eternidade a eternidade. Ele é a causa de todas as coisas. Será que temos como exercer qualquer influência sobre este Deus? Será que ele precisa de nós? Será que ele obtém qualquer vantagem de nossa parte? Ele é um ser perfeito, ou seja, ele não pode aumentar ou diminuir. Nada pode ser acrescentado ou diminuído dele. Ele não precisa de nada além de si mesmo, nem se beneficia de nada que esteja fora de si mesmo. Nosso efeito sobre Deus é o mesmo de uma bola de neve lançada contra o sol ardente.

O que somos nós para Deus? Ele é como uma esfera cujo centro está em todo lugar e cuja periferia não está em lugar nenhum. Ele não está preso a lugar nenhum, nem excluído de lugar nenhum. Ele não está longe de nós, mas está longe e além de nós. Ele "suspende a terra sobre o nada... Prende as águas em densas nuvens... Envolve as águas em suas nuvens... Ele cobre a face da lua cheia... Traça o... limite entre a luz e as trevas... E tudo isso é apenas a borda das suas obras. Um suave sussurro é o que ouvimos dele" (Jó 26.7-14 – NVI).

Este é o Deus que bendizemos, e este é o Deus que nos abençoa. Quando conhecemos este Deus, desfrutamos de uma bênção que nem mesmo a maior tempestade pode tocar, uma paz que o mar mais bravio não pode desordenar, e um prazer que nem mesmo o mais forte vento pode perturbar.

Quando bendizemos a este Deus, viajamos bem e terminamos bem – não importa o que encontremos em nossa jornada para casa.

# Apêndice:
# A providência de Deus

Deus "faz todas as coisas conforme o conselho da sua vontade" (Ef 1.11). Gostaria que fosse possível deixar o assunto da providência nesta simples declaração, mas não é possível fazê-lo pela simples razão que este conceito superabrangente da providência de Deus deixa perplexa muita gente. Normalmente, ele suscita três perguntas.

*Primeira pergunta: Será que Deus é o autor do mal?*

Se ele "faz todas as coisas conforme o conselho da sua vontade", então ele deve ser o responsável por todas as coisas, inclusive do mal. Certo? Errado. A solução deste *aparente* enigma é a doutrina da *concorrência*, por meio da qual afirmamos que, na produção de todo efeito existe uma cooperação de duas causas: a primária e a secundária. O que significa isso? Deus (a causa primária) decreta tudo o que acontece; contudo, ele não é responsável pelo mal porque ele põe em movimento causas secundárias para agirem livremente de acordo com seus próprios desejos.

Sei que essa conversa sobre causas primárias e secundárias é um tanto complicada, então vou tentar simplificar o assunto. Vamos pensar em termos de uma ação como comer, beber, falar, jogar, sentar, etc. Na execução de uma ação qualquer, existe *movimento* e *motivo*. Correto? O movimento de uma ação – em si mesmo –nunca é mau. É o motivo (desejo) por trás da ação que determina se a ação é boa ou má. Vejamos um exemplo. É pecado falar? Pense com cuidado. A ação de falar nunca é pecaminosa em si mesma, mas o motivo por trás dela pode fazer com que seja pecaminosa. Quando Jacó alegou ser Esaú, com isso enganando seu pai, Isaque, ele pecou (Gn 27). Foi seu motivo (desejos corruptos) que fez do seu ato de falar um pecado. Mais um exemplo. Será que é pecado beber? Novamente, o ato de beber nunca é pecado em si mesmo, mas o motivo por trás dele pode fazer com que se torne pecaminoso. Quando Noé se embebedou por beber vinho demais, ele pecou (Gn 9). Foi seu motivo (desejos corruptos) que fez de seu ato de beber um pecado.

Será que isso faz sentido? Vamos continuar elaborando nosso pensamento. Quem é responsável pelo movimento de qualquer ação? A resposta é Deus – a causa primária: "nele vivemos, e nos movemos, e existimos" (At 17.28). Quem é responsável pelo motivo por trás de qualquer ação? A resposta é o homem – a causa secundária. Isso significa que Deus é a causa primária (o movimento), e o homem é a causa secundária (o motivo) de todas as ações. Esta é a doutrina da *concorrência*. Repetindo, na produção de todo e qualquer efeito, existe uma cooperação de duas causas: a primária e a secundária. E é nesse sentido que afirmamos que nada foge dos parâmetros do controle de Deus, ao passo que também sustentamos que ele não é o autor do mal.

*Segunda pergunta: Será que Deus aprova o mal?*

Se ele "faz todas as coisas conforme o conselho da sua vontade", então é preciso que ele, de certa forma, considere que o mal é bom. Certo? Errado. Lidamos com esta pergunta complicada sustentando a distinção entre a vontade *secreta* de Deus e a sua vontade *revelada* (Dt 29.29).[88] A primeira refere-se ao governo das ações de Deus (os decretos de Deus), ao passo que a segunda refere-se ao governo das ações dos homens (os preceitos de Deus). Embora não possamos reconciliar plenamente a mecânica dessas duas vontades, reconhecemos que a Escritura sustenta essa distinção. (Nós não entramos na esfera da simples especulação filosófica.)

Os irmãos de José pecaram quando o venderam como escravo. Esse evento não era a vontade revelada de Deus (vontade como preceito), mas era sua vontade secreta (vontade como decreto). Como sabemos isso? José afirma a seus irmãos: "Assim, não fostes vós que me enviastes para cá, e sim Deus" (Gn 45.8). Os judeus pecaram quando crucificaram Cristo. Novamente, este evento não era a vontade revelada de Deus (vontade como preceito), mas essa era sua vontade secreta (vontade como decreto). Como é que sabemos disso? Pedro declara: "sendo este [Jesus] entregue pelo determinado desígnio e presciência de Deus, vós o matastes, crucificando-o por mãos de iníquos" (At 2.23).

Por isso, mediante um ato da sua vontade, Deus decreta todas as coisas que acontecem. Mas ele faz isso de duas maneiras. Por meio de um decreto *positivo*, ele quer aquilo que é bom; e ele executa o bem que decreta. Por meio de um decreto *negativo*, ele quer aquilo que é mau; e *voluntariamente permite* o mal que ele mesmo decreta. Isso não significa que Deus aprove o mal que ele *voluntariamente permite*, porque é possível que algo aconteça de acordo com a vontade secreta de Deus contra sua vontade revelada. Quando Deus voluntariamente permite o mal, ele não contradiz sua vontade revelada, pois ele não o aprova, mas aprova o bem que ele intenciona quando voluntariamente o permite.

---

88 João Calvino refere-se à vontade oculta de Deus como seu "plano secreto", sua "providência secreta", seus "juízos secretos", seus "planos incompreensíveis" e sua "direção secreta". *Institutes of the Christian Religion*, em *The Library of Christian Classics*, 2 vols., org. J. T. McNeill (Filadélfia: Westminster Press, 1960), 1:16.2–9; 1:17.1–2; 1:18.1–4.

*Terceira pergunta: Temos nós livre-arbítrio?*

Se Deus "faz todas as coisas conforme o conselho da sua vontade", então o livre-arbítrio deve ser uma falácia. Certo? Errado. Este é um dos assuntos mais complexos e controversos da história da igreja. Grandes teólogos, como Agostinho, Martinho Lutero, João Calvino, John Owen e Jonathan Edwards devotaram muito tempo a este assunto, formulando definições e envolvendo-se em várias controvérsias.

Qual é o motivo de tanto barulho? Falando de modo geral, existem duas escolas principais de pensamento a respeito da natureza do livre-arbítrio: o *indeterminismo* e o *determinismo*. O primeiro afirma que nossa vontade é livre de motivos e desejos internos; em outras palavras, ela é livre de nossos pensamentos e das afeições do nosso coração. Isso significa que ela possui poder absoluto: nós não sabemos a razão por que ela escolhe aquilo que escolhe. A segunda escola de pensamento sustenta que nossa vontade não é livre de nossos motivos e desejos internos; em outras palavras, ela não é livre de nossos pensamentos e das afeições do nosso coração. Isso significa que ela não possui poder absoluto: nós sabemos a razão por que ela escolhe aquilo que escolhe.

Nós sustentamos a segunda (ou, pelo menos, eu o faço). Eu afirmo que as pessoas são livres nas escolhas que fazem porque são livres das coações e compulsões externas. Mas também afirmo que nosso livre-arbítrio é escravo de nossas próprias faculdades corrompidas – nossa mente está obscurecida e nosso coração está endurecido (Ef 4.18). Nossa vontade não possui poder absoluto; pelo contrário, ela segue os ditames de afeições impróprias. Agora, isso não mina a autodeterminação porque conserva uma diferença entre causas *coagentes* e *causas não coagentes*. Somos livres porque nossas escolhas são nossas próprias escolhas, mas nossas escolhas não são livres da nossa mente obscurecida e do nosso coração endurecido. Em suma, possuímos uma vontade livre que está escravizada ao pecado.

Você conseguiu entender tudo isso? Este apêndice é um breve resumo de algumas das dificuldades que cercam a doutrina da providência de Deus – isso é meio pretensioso, eu sei. Mas, no final das contas, espero ter apresentado várias dicas importantes para que você entenda esta grande verdade.

# Índice de Referências Bíblicas

2Co 12.2 — 61

## Efésios

Ef 1.3 — 97, 148
Ef 1.11 — 19
Ef 1.21 — 17
Ef 1.22 — 16
Ef 1.22-23 — 107
Ef 2.13-16 — 171
Ef 2.18 — 96
Ef 2.22 — 162
Ef 4.3 — 168, 173
Ef 4.6 — 26
Ef 4.11-16 — 118
Ef 4.14 — 153
Ef 4.15-16 — 172
Ef 4.18 — 188
Ef 4.28; 6.7 — 114
Ef 4.29 — 25
Ef 4.32 — 128
Ef 5.22-33 — 115
Ef 5.25-27 — 84

## Filipenses

Fp 4.11 — 151

## Colossenses

Cl 1.4 — 154

Cl 1.19 — 162
Cl 1.20 — 86
Cl 1.21 — 86
Cl 1.21-22 — 86
Cl 2.10 — 163
Cl 2.14 — 94
Cl 2.15 — 95
Cl 2.17 — 144
Cl 3.14 — 175

## 1 Tessalonicenses

1Ts 4.12 — 114
1Ts 5.16 — 89

## 1 Timóteo

1Tm 5.8 — 114
1Tm 6.15 — 63
1Tm 6.15-16 — 19

## 2 Timóteo

2Tm 4.14 — 129

## Hebreus

Hb 1.3 — 26
Hb 6.18b-20a — 149
Hb 10.12-13 — 16
Hb 11.3 — 159
Hb 11.39 — 165

## Tiago

Tg 1.17 — 26
Tg 1.26 — 25
Tg 3.3-5 — 23
Tg 3.5-6 — 24
Tg 3.7-8 — 24

## 1 Pedro

1Pe 1.5 — 83
1Pe 1.10-11 — 165
1Pe 2.23-24 — 31
1Pe 3.18 — 118
1Pe 5.7 — 96
1Pe 5.8 — 74

## Judas

Jd — 140

## Apocalipse

Ap 1.12-18 — 31
Ap 12.15 — 74
Ap 17-18 — 31

# Índice de Assuntos e Nomes

# OUTRAS PUBLICAÇÕES DA EDITORA OS PURITANOS/CLIRE

**Adoração evangélica** — Jeremiah Boroughs
**Adoração reformada** — Terry Johnson
**Apostasia do evangelho** — John Owen
**Bases bíblicas para o batismo infantil, As** — D. H. Small
**Batismo infantil, O** — Anglada, Pipa, Sartelle, Evans
**Busca da plena segurança, A** — Joel Beeke
**Catecismo Maior de Westminster – Comentado** — Johannes Geerhardus Vos
**Ceia do Senhor, A** — Thomas Watson
**Cheios do Espírito** — Augustus Nicodemus
**Confissão de Fé de Westminster – Comentada** — A. A. Hodge
**Controvésia Não Resolvida, A** — Iain Murray
**Cultivando a santidade** — Joel Beeke
**Crente também tem depressão** — David Murray
**Cristianismo e Liberalismo** — J. Machen
**Cristo dos profetas, O** — O. Palmer Robertson
**Dia do Senhor, O** — Joseph Pipa
**Diretório de Culto de Westminster, O** — Assembleia de Westminster
**Disciplina na igreja: uma marca em extinção** — S. Portela, V. Santos, G. W. Knight III
**Dissipando a tirania** (Série sobre os Huguenotes Vol. 2) — Piet Prins
**Esperança adiada, Uma**: a doutrina da adoção e paternidade de Deus — Stephen Yuille
**Espírito Santo, O** (Esboço de teologia cristã) — Sinclair Ferguson
**Espírito Santo, O** (Uma compilação da extraordinária obra do "Príncipe dos Puritanos") — John Owen
**Estudos no Breve Catecismo de Westminster – Comentado** — Leonard T. Van Horn
**Evangelho para os filhos da aliança, O** — Joel Beeke
**Família na igreja, A** — Joel Beeke
**Fazendo a fé naufragar** — Kevin Reed
**Fazendo a igreja crescer** — William Smith, Solano Portela
**Fuga, A** (História da perseguição aos Huguenotes) — A. Van der Jagt
**Glorioso evangelho da graça, O** – Sermões no Catecismo de Heidelberg — Charles Wieske
**Governo Bíblico de Igreja, O** — Kevin Reed
**Homem e mulher e suas atribuições** — George W. Knight
**Igreja apostólica, A** – Que significa isto? — Thomas Witherow
**Igreja de Cristo, A**: um tratado sobre a natureza, ordenanças e dissiplina da igreja — James Banerman
**Implicações práticas do calvinismo** — A. N. Martin
**João Calvino era assim** — Thea B. Van Halsema

# ADQUIRA TAMBÉM

Capa dura
16x23 cm
640 páginas

## O Cristo dos Profetas

Nesta meticulosa introdução aos profetas do antigo Israel, o Dr. O. Palmer Robertson revela a paixão e o propósito dos escritos extraordinários deles.

Depois de examinar as origens do profetismo, o chamado dos profetas, e sua proclamação e aplicação da lei e da aliança, Dr. Palmer dedica atenção especial ao significado bíblico-teológico do exílio e da restauração. Observando essas experiências pela perspectiva de vários profetas, ele conduz nossa atenção para os sofrimentos e para a gloriosa restauração do povo de Deus em Cristo.

Os estudiosos da teologia bíblica vão apreciar, de modo especial, a análise que Dr. Palmer faz dessas profecias, bem como suas firmes contestações às interpretações liberais e neo-ortodoxas de hoje.

**Já à venda na Amazon e Loja CLIRE**

www.loja.clire.org